Wie wird es sein?

T V Z

Rita Famos, Anne-Marie Müller (Hg.)

Wie wird es sein?

Was Seelsorge mit hochbetagten Menschen vermag

T V Z

Theologischer Verlag Zürich

Bibliografische Informationen der Deutschen Nationalbibliothek
Die Deutsche Nationalbibliothek verzeichnet diese Publikation in der
Deutschen Nationalbibliografie; detaillierte bibliografische Daten
sind im Internet über http://dnb.d-nb.de abrufbar.

Umschlaggestaltung
Simone Ackermann, Zürich

Druck
ROSCH BUCH GmbH, Schesslitz

ISBN 978-3-290-17777-5
© 2015 Theologischer Verlag Zürich
www.tvz-verlag.ch

Inhaltsverzeichnis

Irene Gysel
Vorwort 7

Der Kraft der Seele vertrauen

Anne-Marie Müller: Seelsorgebegegnungen 12

Rita Famos
Es wird anders sein! 13

Beziehung leben

Anne-Marie Müller: Seelsorgebegegnungen 22

Ralph Kunz
Heimgang 27

Die Haltung gegenüber Gebrechlichkeit verändern

Anne-Marie Müller: Seelsorgebegegnungen 36

Isabelle Noth
«Seelsorge» – vom Begriff zur Haltung 39

Verschiedene Sprachen der Seele sprechen

Anne-Marie Müller: Seelsorgebegegnungen 50

Anemone Eglin
Ich schenke dir einen Sonnenuntergang.
Spirituelle Begleitung von Menschen mit Demenz 57

Dasein bis zuletzt

Anne-Marie Müller: Seelsorgebegegnungen 72

Elisabeth Jordi
Sich gemeinsam sorgen an den Grenzen des Lebens 75

Hochbetagte Männer begleiten

Anne-Marie Müller: Seelsorgebegegnungen 90

Christoph Morgenthaler
Seelsorge mit Männern im vierten Lebensalter.
Eindrücke, Beobachtungen und Vermutungen 97

Mit dem Sterben leben

Anne-Marie Müller: Seelsorgebegegnungen 112

Anne-Marie Müller
«Damit wir ein weises Herz gewinnen». (Psalm 90,12) 117

Rita Famos
Wie wird es sein? 121

Verzeichnis der Autorinnen und Autoren 124

Vorwort

Die Seelsorge in Spitälern und Pflegezentren hat in den 16 Jahren, die ich als ressortverantwortliche Kirchenrätin überblicken kann, an Bedeutung gewonnen. Gerade die seelsorgliche Begleitung hochaltriger Menschen geniesst einen hohen Stellenwert. Sie hat sich in den letzten Jahrzehnten markant weiterentwickelt: Einerseits lernte sie von den verschiedenen psychotherapeutischen Schulen und professionalisierte ihre Arbeit, andererseits hat sie aber auch vermehrt zu sich selbst gefunden und sich inhaltlich profiliert. Seelsorge ist seit den Ursprüngen der Kirche eine der wichtigen Grundaufgaben der christlichen Gemeinde und lebt vom jesuanischen Bild eines gnädigen Gottes, der den Menschen in ihren frohen und schweren Stunden nahe ist. Den Menschen helfen zu leben und helfen zu sterben, ist gemäss dem Theologen Klaus-Peter Jörns die Grundaufgabe jeder Religion. Das kann für Menschen gegen Ende ihres Lebens bedeuten, sich nochmals ganz auf existenzielle Fragen einzulassen: Zurückschauen, seine Lebensgeschichte überdenken, sie akzeptieren, mit etwas abschliessen, oder ganz einfach trauern oder sich freuen über das Erlebte und Erfahrene. Dazu braucht es ein Gegenüber. Gut zuhören können ist wohl die wichtigste Eigenschaft, die eine Seelsorgerin, ein Seelsorger mitbringen muss. Aber was heisst das genau? Wie viel Empathie braucht es und wie viel Distanz? Vielleicht ist es vor allem die Offenheit, die weiterhilft und das Wissen, dass die Pfarrperson Verbindung zur geistlichen Dimension wahrnimmt und die vielen möglichen Wege kennt, die das Leben und der Glaube nehmen können. Schön, wenn Seelsorgende selbst einiges erlebt haben und erfahren konnten, dass der Glaube trägt, und dass er einen unermesslichen Schatz an Worten und Bildern bietet, die Zuversicht geben.

Aber auch der Blick in die Zukunft gehört zum Lebensende und damit die bange Frage: Wie wird es sein? Es braucht immer wieder Mut, diese Frage zu stellen. Und Mut zu glauben, dass es gut und schön sein wird. Denn jetzt ist es noch ein Geheimnis. Dass das Geheimnisvolle in den Seelsorgegeschichten von Pfarrerin Anne-Marie Müller immer wieder durchschimmert und immer respektvoll Geheimnis bleiben kann, berührt und macht sie zu überraschenden, kostbaren Kleinoden. Die Begleittexte der Expertinnen und Experten veranlassen weiter zu fragen, was Seelsorge vermag. Sie laden ein, das eigene Leben und Sterben in einem grösseren Horizont wahrzunehmen.

Irene Gysel

Die demente Frau A. bedrängt Pfarrerin **Anne-Marie Müller** mit der Frage: «Wie ist es dann?» Sie erfasst etwas von der Angst, die viele beschleicht, wenn sie daran denken, eines Tages alt zu sein.

Im Einführungskapitel umreisst **Rita Famos** den gesellschaftlichen Kontext der Fragen und Ängste in Bezug auf die Hochaltrigkeit. Ohne die Probleme rund um die vierte Lebensphase auszublenden, plädiert sie dafür, diesen Lebensabschnitt als wichtigen Teil des individuellen Lebens und der Gesellschaft zu akzeptieren. In der Hochaltrigkeit reift das Leben, und es entwachsen ihm ungeahnte Kräfte.

Der Kraft der Seele vertrauen

Wie ist es dann?

«Wie ist es dann?», fragt Frau A.

Ich schaue sie an, wie sie neben mir am Tisch im Stübli sitzt, aufrecht, nur die Schultern ein wenig hochgezogen. Sorgfältige Lockenfrisur, ein Kleid in einem freundlichen Grauton. Die Hände zupfen an einer Serviette. Sie weiss nichts über mich, nur dass ich die Pfarrerin bin. Fragend blickt sie jetzt wieder auf und wiederholt: «Wie ist es dann?»

«Wie ist es dann – wann meinen Sie?», frage ich etwas ratlos.

«Wie ist es dann?», beharrt Frau A.

«Wie ist es dann, ja, wie ist es dann ...», meditiere ich.

«Wie ist es dann, wenn es weich ist?», vollendet Frau A. den Satz.

«Wenn es weich ist? Angenehm stelle ich mir das vor», sage ich.

«Alles ist weich und wohlig. Nichts kann einen verletzen, nichts tut weh. Man muss gar nichts machen, kann einfach ausruhen. Das ist schön, wenn es weich ist!»

Frau A hat aufmerksam zugehört. «Ooh ...!», sagt sie staunend.

Wie ist es dann?

Es wird anders sein!

Rita Famos

Wie wird es sein, wenn meine Eltern alt werden und vermehrt meine Unterstützung brauchen? Wie wird es sein, wenn ich selbst alt und auf die Hilfe anderer angewiesen bin? Werde ich unverhofft und durch einen plötzlichen Tod aus diesem Leben scheiden oder werde ich über längere Zeit pflegebedürftig, dement und bettlägerig sein?

Der Autor Arno Geiger erzählt in seinem Buch «Der alte König in seinem Exil», wie er seinen Vater während seiner Demenzerkrankung begleitet. Ohne die Schwierigkeiten auszublenden schildert er, wie die Beziehung zu seinem Vater noch einmal reift und sich vertieft und wie, als er begann seine Sprache zu verstehen, er viel von seinem Vater über das Leben lernen konnte. Humor, Scharfsinn, Tiefgründigkeit bereichern die Beziehung auf unerwartete Weise. Er fasst diese Erfahrung zusammen, indem er schreibt: «Als das vereitelt wurde, was wir uns erhofften, da erst lebten wir. [...] Das Glück, das mit der Nähe zum Tod eine besondere Dichte erhält. Dort wo wir es nicht erwartet hätten. Es halten wie General De Gaulle, der auf die Frage, wie er zu sterben wünsche, geantwortet hat: ‹Lebend!›.»[1]

Dieselbe Erfahrung machen auch Seelsorgende in der Begleitung von hochaltrigen Menschen. Auch bei veränderter Kommunikation und Wahrnehmung sind Beziehungen lebbar und von einer grossen Tiefe. Beide, Seelsorgende und begleitete Menschen, entdecken unerwartete Dimensionen des Lebens in dieser intensiven Phase. Es entfalten sich Kräfte,

---

[1]   Geiger, Arno: Der alte König in seinem Exil, München 2011, S. 179.

Emotionen, Verbundenheit, von denen die Menschen nicht geahnt haben, dass sie dazu Zugang haben. Glaubensschätze, die während eines langen Lebens gesammelt wurden, die vielleicht lange in Vergessenheit geraten sind, tauchen unter den erschwerten Bedingungen mit einem Mal wieder auf und erweisen sich als tragend und tröstend.

Dieses Buch möchte aufzeigen, dass dann, wenn sich Einzelne, Familien und die Gesellschaft auf die Hochaltrigkeit einlassen, darin ungeahnte Entwicklungsmöglichkeiten stecken, von der nicht nur die Hochaltrigen, sondern alle profitieren. Es möchte einladen, sich auf die Ungewissheit dieser Lebensphase einzulassen und zu vertrauen, dass die Kräfte, die in den Seelen stecken, sich entfalten werden. Sie tun dies vielleicht nicht im Voraus, sowie das Gottesvolk, das durch die Wüste wanderte, das Himmelsbrot auch nicht auf Vorrat einsammeln durfte, sondern an jedem Tag so viel zu sich nehmen sollte, wie es gerade brauchte.

Das Buch erhebt keinen Anspruch auf Vollständigkeit. Es möchte vielmehr Betroffenen und Angehörigen, Pflegepersonen, Freiwilligen im Einsatz für die älteren Menschen einen Einblick in die Möglichkeiten der Seelsorgearbeit geben und sie zugleich ermutigen, den ungeahnten Kräften der Seele zu vertrauen.

Am Anfang jedes Kapitels stehen Momentaufnahmen von Seelsorgebegegnungen von Pfarrerin Anne-Marie Müller. Sie sind thematisch zusammengestellt und werden durch die Beiträge der Autorinnen und Autoren ergänzt.

Eine Gesellschaft des langen Lebens

Die Veränderung in der Altersstruktur ist immens. 1900 betrug die durchschnittliche Lebenserwartung einer Frau 48,9 Jahre, heute ist sie bei 84,7 Jahren, und sie steigt stetig. Der Anteil an hochaltrigen, also über 80-jährigen Menschen, beträgt zurzeit 5 Prozent und wird für 2030 auf 7,8 Prozent prognostiziert.

Einerseits profitieren wir alle von der fortschreitenden Entwicklung der Medizin und der dadurch entstehenden besseren Lebensqualität im Alter sowie der höheren Lebenserwartung. Viele Menschen können in unserem westeuropäischen Kontext sehr lang und gesund leben und somit ihr Leben bis ins hohe Alter aktiv gestalten.

Andererseits hat diese Entwicklung zur Folge, dass immer mehr Menschen ihre letzten Monate als Pflegepatientinnen und -patienten verbringen. Die Gefahr, an Demenz zu erkranken, steigt mit jedem Lebensjahr. Heute leiden rund 7 Prozent der 75 bis 79-Jährigen an einer Demenzerkrankung. Bei den 80 bis 84-Jährigen sind es fast 16 Prozent, bei den 85 bis 89-Jährigen beinahe 26 Prozent. Bei den über 90-Jährigen liegt die Häufigkeit einer Demenz schon bei 44 Prozent. Eine grosse Anzahl Menschen will für den Fall, dass das Leben und Leiden unerträglich werden, einen Alternative haben. Das ergab eine repräsentative Umfrage der Zeitschrift «reformiert.» im Herbst 2014: Eine Mehrheit der Schweizer Bevölkerung begrüsst einen erleichterten Zugang zum Alterssuizid.[2] Die einschlägigen «Sterbehilfeorganisationen», die den begleiteten Suizid anbieten, weisen kontinuierlich steigende Mitgliederzahlen vor.

Dass viele Menschen unserer Gesellschaft – die ja für beinahe alle Lebensbereiche eine Versicherung kennt – auch für diese letzte Herausforderung eine Versicherung, die einem Notausgang gleicht, abschliessen wollen, ist nachvollziehbar.

---

[2] Reformiert.: Umfrage Alterssuizid, http://www.reformiert.info/artikel_14019.html (21.01.2015).

Die Sorge um das eigene letzte Wegstück und dasjenige der Nächsten ist verständlich, stellt doch diese letzte Lebensphase für alle, Betroffene und Angehörige, eine ganz besondere Herausforderung dar.

Einerseits befürchten viele, durch Schmerz und Leid die Grenzen des Erträglichen zu erreichen. Sie fürchten sich vor Einsamkeit. Andererseits bekommt in der vierten Lebensphase vieles, das uns unser Leben lang geprägt hat und das wir uns an Lösungsstrategien und Kraftquellen angeeignet haben, noch einmal eine andere Dimension und Reife. So erhalten lebenslange Beziehungen eine neue Qualität und Intensität.

Seelsorge will Betroffene und Angehörige mit ihren Ängsten auf diesem Wegstück nicht alleine lassen, sie will nicht nur, aber auch auf diesem letzten Wegstück eine Begleiterin sein. Beim Durchleben des letzten Lebensabschnittes berühren wir die grundlegenden existenziellen Fragen in besonderer Weise. Woher kommen wir? Wohin gehen wir? Was erwartet uns nach dem Tod? Was tun wir mit all den unerledigten Lebensaufgaben? Wie können wir uns versöhnen mit unseren Liebsten? Welche Spuren hinterlassen wir? Welches ist unser Vermächtnis? Zusammen mit den Betroffenen und ihren Schätzen an gesammelter Lebensweisheit und oft auch gelebter Glaubenspraxis will Seelsorge dazu beitragen, dass das irdische Leben zu einem Abschluss finden und das Leben an dieser letzten Aufgabe noch einmal reifen kann. Zusammen mit den Angehörigen und mit anderen Fachpersonen will sie die Bedürfnisse und Wünsche der hochbetagten Menschen respektieren und dazu beitragen, dass Menschen, soweit sie das wünschen, in Gemeinschaft und begleitet von Fachpersonen und Angehörigen ihren letzten Lebensabschnitt gestalten können. Viele Erfahrungen von Seelsorgenden, die Menschen in dieser Weise begleiten, zeigen, dass, wenn Menschen eine ganzheitliche, umsorgende Betreuung erleben, der Notausgang des assistierten Suizids nicht genommen werden muss.

Dieses Büchlein soll Menschen, die sich der Frage *Wie wird es sein?* stellen, Hoffnung und Perspektiven aufzeigen. Die Lesenden werden mitgenommen in die Seelsorgebegegnungen von Pfarrerin Anne-Marie Müller, und erhalten so einen ganz besonderen Einblick. Die verschiedenen Beiträge der Autorinnen und Autoren, allesamt erfahrene Seelsorgerinnen und Seelsorger mit einem profunden Hintergrundwissen aus dem wissenschaftlichen und akademischen Kontext, vertiefen die Beispielgeschichten von Anne-Marie Müller.

Hochaltrigkeit ist mehr als eine Kostenfrage

Vermehrt wird Hochaltrigkeit in unserer Gesellschaft unter dem Aspekt der steigenden Gesundheitskosten thematisiert. Am Vorabend des Internationalen Tages des Alters, dem 1. Oktober 2014, strahlte das Schweizer Fernsehen in seiner Sendung «10vor10» einen Beitrag zum Thema «Armut im Alter» aus. Beklagt wurde, dass die Ergänzungsleistungen für hochbetagte Menschen den Steuerzahler bereits 4,5 Milliarden kosten. Es stimmt äusserst nachdenklich, dass das Schweizer Fernsehen im Zusammenhang mit diesem Tag lediglich die Kostenfrage des Alters ins Spiel bringt. Der internationale Tag des älteren Menschen wurde auf Beschluss der Vereinten Nationen vom 19. Dezember 1990 eingeführt und wird seit 1991 begangen. Das Ziel ist aufmerksam zu machen auf die Not und Ängste von älteren Menschen sowie auch auf die Chancen, die dieser Lebensabschnitt sowohl für die Betroffenen wie auch für deren Angehörigen und die Gesellschaft als Ganzes hat. Heute ist diejenige Generation im fortgeschrittenen Alter, die mit ihrem unermüdlichen Einsatz den Wohlstand unseres Landes erarbeitet und erstritten hat. Sie hat es auf alle Fälle verdient, dass die Gesellschaft sie Anteil haben lässt am Erwirtschafteten, ohne ständig vorzurechnen, was sie uns kostet. Die Generation, die unseren Wohlstand erarbeitet hat, verdient mehr Wertschätzung, als als Kostenfrage abgehandelt zu werden. Die «Charta der Zivilgesellschaft zum würdigen Umgang mit älteren Menschen»[3] setzt Richtlinien und ethisch-gesellschaftliche Leitsätze für verantwortungsbewusstes Handeln in der Betreuung von älteren Menschen und zeigt auf, dass durch die sorgfältigen Begleitung, Betreuung und Pflege von hochbetagten Menschen eine Gesellschaft nur reifen kann, ganz nach dem Motto der Schweizerischen Bundesverfassung: «Die Stärke des Volkes misst sich am Wohl des Schwächsten.»

An diesem Wohl richtet sich zusammen mit anderen Professionen auch die Seelsorge aus. Die Kirchen stellen mit ihren Pfarrerinnen und Pfarrern Expertinnen zur Verfügung, die die hochaltrigen Menschen in ihren seelischen Fragen und Anliegen begleiten. Sozialdiakoninnen und Sozialdiakone sowie Freiwillige sorgen ergänzend zu oft belasteten Angehörigen für eine ganzheitliche Begleitung in der letzten Lebensphase. Dieser Band gibt einen kleinen Einblick in dieses kirchliche Engagement durch die Seelsorge zum Wohl der Schwächsten.

---

[3]   CURAVIVA Schweiz: Charta der Zivilgesellschaft zum würdigen Umgang mit älteren Menschen, Bern 2011.

«Bist du mir?» Die eindringliche Frage der Pflegeheimbewohnerin – bruchstückhaft und doch verständlich – veranlasst die Seelsorgerin **Anne-Marie Müller**, darüber nachzudenken, was ihr Dabeisein den Bewohnerinnen und Bewohnern bedeutet. Die Seelsorgebegegnungen zeigen etwas von dieser gelebten Seelsorge, die auf Beziehung und Gegenseitigkeit beruht, auf Augenhöhe geschieht und aus der beide Partner als Beschenkte herausgehen.

Ralph Kunz blickt als Angehöriger auf die Zeit seiner Mutter im Pflegeheim zurück. Die Seelsorgerin wurde für seine Mutter zu einer Freundin, bilanziert der Sohn. Sie hat Anteil am Leben der Mutter genommen und ihr Anteil am Leben gegeben. Die Seelsorgerin war eine anregende Gesprächspartnerin, mit der sie auch theologische und philosophische Gespräche führen konnte. Zusammen mit den anderen Professionen vermag Seelsorge im Pflegeheim eine Atmosphäre zu schaffen, in der sich die hochbetagten Menschen mit ihren vielfältigen Lebensgeschichten daheim fühlen und sich auf den letzten Heimgang vorbereiten können.

Beziehung leben

Bist du mir

«Bist du mir?», fragt Frau D eindringlich.
Ich habe sie mit meinem Besuch überrascht. Meine Vorstellung
hat sie offenbar nicht verstanden.
«Bist du mir?»
Ich erkläre noch einmal, dass ich die Pfarrerin sei, die sie ken-
nenlernen möchte.
«Bist du mir?», wiederholt Frau D. Ihr Blick ist suchend, kommt
mir fast flehend vor.

Ja, was bin ich ihr?
Weder bekannt noch verwandt.
Eine Hilfe?
Eine Unterbrechung?
Gut?
Zugewandt?
Bin ich ihr?

«Ich bin jetzt einfach einen Moment hier bei Ihnen, Frau D»,
sage ich.

Begleitung

Frau B freut sich über das Geburtstagskärtchen, das ich ihr ins
Raucherzimmer bringe. Hier sitzen fünf Frauen in zufriedener
Stille und rauchen. Eine nach der andern drückt ihre Zigarette
aus und verlässt uns mit höflichem Gruss.
Frau B ist noch nicht so lange bei uns, aber sie hat auf ihrem
Stockwerk schon gute Kontakte geknüpft. Mit vielen sei sie
schon per Du, und sie schätze die Spielrunden am Abend und

*die Gedächtnistrainings. Dass ihre schöne Wohnung nun aufge-
löst sei, tue weh. Aber ihr Zimmer hier sei geräumig und hell,
das sei gut.*

*Nur manchmal sei sie eben ein wenig verwirrt. Deshalb werde
sie es mir nie vergessen, wie ich sie ganz am Anfang ihrer Zeit
hier mal zurückgebracht hätte. Es hätte so stark geregnet, und
sie hätte draussen ganz die Orientierung verloren. Da hätte ich
sie unter den Schirm genommen und hierher zurückbegleitet.
Das vergesse sie nie!*
*Ich kann mich daran nicht erinnern, bin nicht sicher, ob sie wirk-
lich mich meint. Ich öffne den Mund – und schliesse ihn wieder.
«Schön», sage ich dann.*

Erinnern

*Vor einigen Wochen ist der Lebenspartner von Frau J nach lan-
ger Krankheit gestorben. Sie vermisst ihn sehr und erzählt mir
davon, wie sie einander an einem Fest bei Freunden kennen
gelernt haben, wie viel Schönes sie geteilt haben, wie stark sie
sich als Teil seiner Familie gefühlt hat. Das alles ist jetzt einfach
vorbei!*
«Und wie geht es Ihnen, Frau Pfarrer?», fragt Frau J mich.
«In mir ist vieles angeklungen von Ihren Erinnerungen», sage ich.
«Aber Sie haben Ihren Mann noch?», fragt Frau J besorgt.
*«Nein, er hat sich vor ein paar Monaten von mir getrennt»,
antworte ich. «Deshalb bin ich in einer ähnlichen Situation wie
Sie. Ich vermisse ihn, bin traurig, habe so viele Erinnerungen.»*
Frau J streichelt meine Hand. «Ja», sagt sie, «das ist traurig.»

Als ich Frau J das nächste Mal besuche, unterhalten wir uns über Musik und über ihre Kinder. Und natürlich kommt auch der Schmerz über ihren Verlust wieder zur Sprache.
Einen Moment ist es still.
Dann zieht ein Schatten über das Gesicht von Frau J. «Sie haben mir doch etwas erzählt, etwas, das schwer für Sie ist», sagt sie. «Tut es Ihnen immer noch weh?»
«Ja», sage ich, «es tut noch weh, wie Ihnen auch.»
Und unsere Hände finden sich.

Versprochen

Vor dem Palacio Real in Madrid liegt ein grosser Platz. Plätschernde Brunnen, eine dösige Handharmonika, schlendernde Touristen, Einheimische, die sich auf einer Bank sonnen.
Hier sitze auch ich.
Und denke an Frau C.

Seit einigen Wochen geht es ihr langsam und stetig schlechter. Bei meinem vorletzten Besuch erzählte sie, wie sie das Ende immer deutlicher nahen fühlt. «Ich habe ja schon zwei Jahre geschenkt bekommen», sagte sie. «Die Ärzte gaben mir damals noch wenige Wochen. Aber jetzt ist es halt so weit. Wir müssen uns ja nicht fürchten.»
Als ich versprach, sie bald wieder zu besuchen, stand ihr der Zweifel ins Gesicht geschrieben. «Es wäre schön, Sie noch einmal zu sehen», meinte sie ruhig.
Vor meinen Ferien wollte ich mein Versprechen unbedingt noch einlösen. Als ich eintrat, wirkte Frau C etwas kräftiger. Wie immer interessierte sie sich sehr für mein Wohlergehen. Da erzählte ich, dass ich nach Madrid reisen würde.

*«Oh, wie schön», rief Frau C. «Wenn Sie wiederkommen, müssen
Sie mir davon erzählen!»*
Unsere Blicke trafen sich.
«Gerne», sagte ich.
Beiden war klar: das Versprechen gilt.

*Und da sitze ich nun vor dem Palacio Real in Madrid und sauge
in mich ein, was ich erzählen will. Bald!*

Schöne Kinder

*25 Jahre lang hat Frau N im Service gearbeitet, in einem Garten-
restaurant. 25 Jahre lang die schweren Tabletts über den Kies-
belag geschleppt, fünf Treppenstufen rauf und runter. Nie ist sie
gestolpert. Oft Abendschicht.*
*Jetzt ist sie fünfundneunzig. Jeden Tag, vom Morgen bis am Abend,
tun ihr die Hände weh und die ganzen Arme bis in die Schultern.
Das Gehen geht schon lange nicht mehr. Der ganze Körper ist
steif geworden vor Schmerzen.*
*Trotzdem faltet Frau N mittags und abends für die ganze Abtei-
lung Servietten, damit die Gedecke anständig aussehen.*
*Zweimal in der Woche kommen die Kinder zu Besuch. Es sind
gute Kinder. Aus allen ist etwas geworden, und sie halten fest zu
ihrer Mutter. Frau N ist stolz und glücklich darüber. Aber das Leben ist nicht mehr schön mit diesen Schmerzen.*
«Haben Sie auch Kinder?», fragt mich Frau N.
«Leider nicht», gestehe ich.
*«Das ist schade», sagt Frau N. «Das wären sicher schöne Kinder
geworden.»*
Mir kommen die Tränen.
*Frau N hält beim Abschied fest meine Hände in ihren. Hält sie
ganz lange und warm.*

Heimgang

Ralph Kunz

Persönlich

Ich bin Theologe und war für kurze Zeit als Pfarrer tätig. In dieser Zeit besuchte ich Gemeindeglieder in der Rolle des Seelsorgers. Meine Mutter musste nach einem Schlaganfall in ein Heim umziehen. Ich hatte also auch von Berufs wegen ein Interesse an den Menschen, die meine Mutter betreuten, begleiteten und pflegten. Mich interessiert diese Form der Seelsorge nicht nur als Sohn, sondern auch als Forschender. Unter anderem habe ich Patienten und Experten-Interviews geführt, um mehr darüber zu erfahren, wie Seelsorge stattfindet und ankommt. Was ich in diesem Beitrag erzähle, hat mit meiner Berufs-, Lehr- und Forschungstätigkeit nur indirekt zu tun. Ich wurde von den Herausgeberinnen des Bandes eingeladen, als Angehöriger etwas zur Heim- oder Spitalseelsorge zu schreiben, die meine Mutter – und wir – erfahren haben. Es geht im Folgenden in erster Linie um mein persönliches Erleben.

Das ist zwangsläufig eine sehr eigene Sicht: So habe ich es erlebt. Der Bericht einer meiner Brüder oder meines Vaters wäre gewiss ein anderer geworden. Wenn ich als Angehöriger berichte, schliesst das den Versuch mit ein, mir meine Mutter vorzustellen, mich zu erinnern, was sie gesagt und wie sie Seelsorge erlebt hat. Sie hat sich immer sehr dankbar geäussert. Im Wesentlichen war es Dank für die Freundschaft, die sie empfangen hatte. Auf das lief es für sie hinaus. Die Seelsorgerin wurde ihr zur Freundin. Das mag etwas speziell klingen und ist es auch. Ihre Geschichte ist

schliesslich eine spezielle Geschichte. Aber welche Lebensgeschichte ist das nicht?

Krankheitsgeschichte

«Mich trifft der Schlag» ist eine Redewendung, die leichthin
gesagt einen schweren körperlichen «Betriebsunfall» als
Bild verwendet. Bei meiner Mutter wurde das Bild real. Meine
Mutter war 59, als ein Hirnschlag ihr Leben komplett verän-
derte. Es hat sie getroffen wie ein Blitz aus heiterem Himmel.
Ihr Leben änderte sich schlagartig. Über Nacht wurde sie in-
valid und war nicht mehr die rüstige und unternehmenslus-
tige Frau, die sie sie vorher war. Es hat sie und es hat uns
alle getroffen: meinen Vater, uns vier Söhne und Familien,
Verwandte und Freunde. Betroffen waren selbstverständlich
auch die nahen und fernen Bekannten. Meine Mutter war
eine dorfbekannte Persönlichkeit, war in der Kirchenpflege
und leitete eine Gymnastikgruppe. Es ist aber ein feiner,
wenn auch entscheidender Unterschied, ob es einen trifft
oder betrifft oder (eine gewisse Zeit lang) betroffen macht.

Es war für uns alle nicht einfach, die Krankheit – sie
schien uns mehr ein Unfall – richtig einzuordnen. Hirn-
schlagpatienten haben ganz unterschiedliche Prognosen. Einige haben Glück. Die Therapie schlägt an und nicht betroffene Hirnregionen übernehmen Funktionen der kranken
bzw. zerstörten Regionen. Die gelähmten Gliedmassen erho-
len sich – eventuell bleibt nur eine kleine Behinderung zurück. Dann gibt es aber auch die schweren Fälle. Meine Mutter war ein schwerer Fall. Aber was das hiess, war ihr und
uns am Anfang nicht so richtig bewusst. Nach etwa drei Jahren dämmerte es uns, dass die halbseitige Lähmung nicht
wegtherapiert werden konnte. Mutter blieb als Semiplegike-
rin auf den Rollstuhl angewiesen. Als halbseitige Gelähmte

wurde sie pflegebedürftig. Diese ersten Jahre der Krankheit waren hart, weil niemand sagen konnte, oder auch nicht zu sagen wagte, wie viel «wieder kommt». Rückeroberung war damals angesagt. Vielleicht liesse sich mit Training eine Verbesserung erreichen? Zumindest das Umfeld glaubte daran. In dieser Kampfhaltung kutschierten wir Mutter vom Spital in die Reha nach Valens und wieder retour ins Spital. Unendliche viele Therapiestunden liess sie über sich ergehen und arbeitete mehr oder weniger verbissen am Ziel, wieder etwas zurückzugewinnen. Dabei kämpfte sie nicht nur mit ihrem Körper. Die Veränderungen im Hirn sind nach einem Schlag im eigentlichen Sinne des Wortes gewaltig. Auch die Psyche bekommt etwas ab. Meine Mutter war sehr niedergeschlagen. Sie weinte nach einer anfänglichen depressiven Phase – in der sie erschüttert und zugleich unerreichbar wirkte – sehr viel und war gefühlsmässig ausgesprochen labil. Dieser Überfluss an Emotion überforderte die meisten ihrer Besucher: Viele kamen einmal und nie wieder. Am Schluss blieben einige wenige treue Seelen übrig. Man konnte sie immerhin an zwei Händen abzählen. Aber was heisst am Schluss? Zunächst mussten wir Abschied nehmen von der Idee, dass mit Therapien grandiose Fortschritte zu erreichen sind. Ich glaube, meine Mutter hat das früher akzeptiert als wir und uns zuliebe eine Zeit lang mitgespielt, bis ihre Energie erschöpft war.

Neuer Lebensmut

Nach ein paar Jahren war es dann soweit. Mein Vater verkaufte das Haus und zog in eine kleinere Wohnung. Die weitere Pflege meiner Mutter, die inzwischen wieder zuhause wohnte, hätte ihn überfordert. Sie musste definitiv ins Wohnheim umziehen. Dieser Heimgang von Zuhause weg war einerseits hart für sie. Andererseits war auch ihr klar geworden, dass die Situation mit Spitex und anderen Assistenzen nicht mehr zu bewältigen war. Hinzu kam die Angst zu stürzen. Die Sturzgefahr war eine Folge der epileptischen Anfälle, an denen sie litt. Der Besuch der Toilette, das Aufstehen und Positionswechsel wurden gefährlich. Unser Haus war nicht rollstuhlgängig.

Der Umzug ins Heim war der Beginn einer neuen Phase in ihrem Leben. Da die Sache mit der «Heilung» abgehakt war, konnte sich meine Mutter innerlich und äusserlich neu einrichten. Sie war schon immer eine grosse Leserin. Nun stapelten sich die Bücher in ihrem Zimmer. Die Spitalbibliothekarin regte an, die Leseratten im Heim sollen doch einen Literaturklub gründen. Es haben sich dann ein paar Frauen gefunden, die die Idee aufgegriffen haben. Es kamen auch Frauen von auswärts. Das war wichtig. Die Zeit der Krankenbesuche, die mit Blumen und Schokolade bewaffnet für eine halbstündige Betroffenheitsvisite vorbeischauten, war schon lange vorbei. Geblieben ist das erwähnte kleine Häufchen der treuen Freundinnen. Das gemeinsame Interesse an Literatur hat geholfen, die Banden zu festigen.

Die Seelsorgerin spielte als Vermittlerin und Diskussionspartnerin eine wichtige Rolle. Sie begleitete meine Mutter, aber – ich wage zu sagen – meine Mutter begleitete auch sie. Sie hob alle ihre Predigten auf. Ich müsse sie unbedingt lesen, was ich natürlich gemacht habe. Es waren gute Predigten. Sie boten Gesprächsstoff und halfen, das eigene Schicksal zu akzeptieren. Das hört sich ziemlich platt an. Es ist tief gemeint. Die Auseinandersetzung mit der Krankheit brachte meine Mutter weiter und in gewissem Sinne auch in existenzielle Tiefen. Was am Anfang ein Hadern war, wich immer mehr einer neuen Sicht. Bevor sie krank wurde, plante sie eine Reise nach Kalifornien. Noch jahrelang fantasierte sie von der Zeit, wenn sie wieder einmal reisen könne. Irgendwann stellte sie um und sagte: «Ich verreise mit meinen Büchern.»

In dieser Phase der vertieften Auseinandersetzung beschäftigte meine Mutter vor allem die Beziehung zu meinem Vater. Die Krankheit hat alles verändert. Es war für beide schwierig geworden. Meine Mutter brauchte einen Ort, um sich auszusprechen. Sie war sehr dankbar für die Seelsorgerin, die sich wohl einiges anhören musste, aber natürlich allparteilich bleiben sollte. Das gelang ihr, soweit ich es beurteilen kann, wunderbarerweise. Sowohl mein Vater wie meine Mutter schätzten sie und vertrauten ihr.

Das Heim

Das Heim, in dem meine Mutter schliesslich mehr als ein Vierteljahrhundert lebte, beherbergt ältere pflegebedürftige Menschen. Es war eine recht heterogene Gemeinschaft. Einige waren körperlich recht unbeweglich, aber geistig noch recht munter. Die zusammengewürfelte Schar, so sieht es das Konzept vor, bildet eine Wohngruppe. Meine Mutter fiel es anfangs nicht leicht, sich in dem neuen sozialen Gefüge zurechtzufinden. Mit den Jahren wuchs sie hinein. Wichtig wurden ihr die Pflegenden. Ein paar mochte sie ganz besonders gut. Sie war wohl für die Pflegenden auch eine angenehme Heimbewohnerin. Sie war interessiert am Gegenüber, erkundigte sich nach der Familie, diskutierte gerne und hatte interessante Themen. Mir erzählte sie, sie habe den Eindruck, sie sei dann und wann für diese Leute die Seelsorgerin. Auf jeden Fall sah sie sich in dieser Phase ihres Heimlebens nicht als Patientin oder Pflegefall. Sie war froh um die Hilfe, die sie in Anspruch nahm, aber entwickelte ein neues, nicht von der Krankheit bestimmtes Ich. Die Gefahr der epileptischen Anfälle und eines zweiten Hirnschlags blieben zwar ein Thema, aber sie gehörten zur Behinderung, mit der sie leben musste und zunehmend auch wieder zu leben wusste.

Ich meine, in dieser Zeit habe sich auch die Beziehung zur Seelsorgerin noch einmal gewandelt. Ich habe bewusst das Wort Freundschaft verwendet. Beide Frauen bezeichneten ihre Beziehung so, auch wenn ihnen immer klar war, dass die Seelsorge zum Auftrag der Institution gehört. Natürlich schliesst das Eine das Andere nicht aus. Ausserdem können Freundschaften ja viele Facetten haben. Das gilt selbstredend auch für Seelsorge. Für meine Mutter war die Seelsorgerin ein Gegenüber auf Augenhöhe. Sie wurde zur Vertrauten, aber nicht im Gefälle der Gebenden zur Empfangenden. Was meine Mutter erfuhr, war ein persönliches Interesse. Wenn sie nicht im Gottesdienst war, was selten vorkam, wurde sie vermisst. Sie tauschte sich mit der Seelsorgerin aus und wurde als Person ernst genommen – was sich auch darin äusserte, dass öfters gelacht wurde.

Angehörige

Das Leiden eines nahen Angehörigen ist eine prägende Erfahrung. Man leidet mit bis zum letzten Atemzug. Was meiner Mutter widerfuhr, nur als Leidensweg zu sehen, wäre aber eine Verkürzung ihrer Geschichte, die sie vehement zurückgewiesen hätte. Sie hat in diesen Jahren viel Schönes erleben dürfen. Die Seelsorge gehörte dazu. Gerade weil es da nicht immer um Trost ging. Seelsorge nur diese Funktion zuzubilligen, verkürzt sie auf unzureichende Art und Weise. Seelsorge würde so zwangsläufig zu einer Art Vertröstung.

Als Angehöriger, der jahrelang in einem Heim ein- und ausgeht, lernt man Ort, Bewohnerinnen und Mitarbeiterinnen kennen und in meinem Fall auch schätzen. Die beste Seelsorge der Welt kann nicht leisten, was nur im Zusammenwirken verschiedener Professionen geleistet werden kann: Meine Mutter hat im Heim ein Zuhause gefunden. Dazu haben viele beigetragen. Die Seelsorge ist eingebettet in den Lebensfunktionen des Heimalltags. Sie ist Teil eines Ganzen, das auch Leibsorge umfasst und «care» oder Teilhabe und Teilgabe genannt werden kann. Was mich am meisten beeindruckte und tröstete (!), war die Erfahrung, dass die Leute, die sich um meine Mutter kümmerten, sie mochten. Was wäre «care», wenn in und mit ihr keine Freundschaften entstünden? Vermutlich wäre sie eine Art Versorgung oder Fürsorge, was nicht dasselbe wie Anteil nehmen und geben ist. Was wirklich hilft zu leben, kann professionelle Freundlichkeit allein nicht leisten. Das ist kein Votum gegen die Professionalität. Es ist die Einsicht, wie wichtig eine beseelte Profession ist. Mir ist am Beispiel und an der Seite meiner Mutter wichtig geworden, dass es ihr im Heim, in dem sie leben muss, wohlergeht.

Von 1995 bis 2010 lebte sie im Heim, wo sie schliesslich nach einem zweiten Schlag gestorben ist.

Seelsorge ist gelebte Theologie, schreibt **Isabelle Noth**, und somit eine Haltung dem ganzen Menschen gegenüber. Sie sieht den ganzen Menschen, der nicht nur eine Seele hat, sondern eine «Seele von Mensch» ist. Die seelsorgliche Haltung dem hochbetagten Menschen gegenüber ist geprägt von dem tiefen Wissen, dass Gebrechlichkeit und Fragilität ein fester Bestandteil des Lebens sind. Diese Seite des Menschseins zu würdigen und seine Bedeutung für das Gesamte des Lebens herauszuarbeiten, ist die Aufgabe gelebter Theologie und somit der Seelsorge.

Die drei Seelsorgebegegnungen eröffnen einen geschärften und liebenden Blick auf solch fragile Lebensmomente hochbetagter Menschen und lassen die Seelsorgerin **Anne-Marie Müller** stellvertretend für uns alle daran reifen.

Die Haltung gegenüber Gebrechlichkeit verändern

Alles gut

Frau D scheint zu schlafen. Sie öffnet ihre Augen nur, um gequält und schwach zu husten. Etwas Rivella nimmt sie dankbar an und bewegt dann die Lippen in stummem Dank. Oder Protest? Schwer zu sagen.

Immer wieder fährt ihre Hand zur Nase, verfehlt ihr Ziel, Frau D rümpft die Nase. Offensichtlich juckt das! Als ich mit dem Taschentuch sanft ihre Nase reibe, sagt Frau D laut in die Stille: «Danke!»

Nach einer Weile öffnet sie die Augen, schaut mich klar und forschend an: «Hallo?» Auf einmal durchflutet mich eine sichere, fraglose Zärtlichkeit. Ich streichle über die Stirn und das Haar von Frau D, sie folgt mit dem ganzen Kopf meiner Hand. Ich fange an zu reden: «Sie machen es gut, Frau D, Sie kommen bald an. Alles ist gut.»

Wieder sagt Frau D: «Danke!»

Es ist still. Wir warten. Die Tochter von Frau D kommt herein. Seit Wochen habe ihre Mutter nichts mehr gesagt, erzählt sie.

Ich verabschiede mich. Da öffnet Frau D nochmals die Augen, schaut mich fragend an und wiederholt meine Worte: «Alles gut?» – «Ja», bestätige ich. «Alles ist gut.»

Zwei Tage später stirbt Frau D.

Frieden

Frau C täuscht sich.

Seit es ihr so schlecht geht, verbringe ich eine Stunde mit ihr, wann immer es geht. Sie ist sehr müde, aber immer wieder schaut sie mich klar und freundlich an. «Bin ich noch am Leben?», fragt sie gelegentlich erstaunt. Manchmal bittet sie mich um ein Gebet oder etwas Mineralwasser, bedankt sich überschwänglich für jede kleine Geste.

«Sie brauchen sich nicht anzustrengen, um mich zu unterhalten», sage ich zu ihr. Dann schliesst sie die Augen wieder und drückt meine Hand.
Immer wieder kehre ich an ihr Bett zurück. Immer tiefer versinkt Frau C, und immer mehr machen sich Schmerzen bemerkbar. Wenn das Morphin wirkt, entspannt sie sich sehr langsam. Ihr Atem wirkt immer angestrengter. Ich ertappe mich dabei, wie ich die qualvolle Bewegung ihres ganzen Oberkörpers bei jedem Atemzug unwillkürlich mitmache.

Und manchmal, wenn ich so dasitze, meine Hand etwas schüchtern unter ihre lege, wenn Frau C dann ganz leicht ihre Finger bewegt und ihre andere Hand ausstreckt, bis die Fingerspitzen unsere beiden Hände berühren, manchmal fühle ich dann etwas Unbeschreibliches, etwas Grosses und unglaublich Zartes zwischen uns, das mir unendlich wohl tut.
Frau C spürt es auch. Sie öffnet die Augen halb und murmelt: «Danke. Sie strahlen so viel Frieden aus.»
Aber sie täuscht sich.
Was immer hier geschieht: von mir geht es nicht aus.

Mütterlichkeit

Diese unendliche Zärtlichkeit, mit der Frau K ihren Teddybären hält.
Diese Innigkeit, wenn sie zu ihm spricht: «Ja, gäu, du bist ein Lieber!» Wie sich ihr Kopf zu ihm neigt, das graue Haar ein Schleier, die Augen so jung.
Diese Sanftheit, wenn sie ihn wiegt und sorgsam von einem Arm in den andern bettet.
Diese endlose Geduld, den Teddy zu tragen, nicht loszulassen, nicht müde zu werden.

«Seelsorge» – vom Begriff zur Haltung

Isabelle Noth

Szene: Samstag, 26. Juli 2014, Washington Square Park, New York

Es ist Mittag. Immer mehr Leute strömen in den Park. Ich setze mich etwas abseits, um zu lesen. Da erblicke ich mir gegenüber eine alte weisse Frau im Rollstuhl. Sie starrt vor sich hin auf den Boden. Hinter ihr – auf der Bank – sitzt eine junge schwarze Frau, die sich mit beiden Armen breit auf dem Rollstuhl abstützt. Sie ist am telefonieren und gestikuliert zwischendurch mit den Händen. Mir ist nicht wohl bei diesem Anblick. Wenn sie wenigstens neben und nicht hinter der Frau im Rollstuhl sässe und sich zumindest ab und zu mal an sie richten würde. Doch sie sieht ja nicht mal deren Gesicht. Oder reagiere ich übersensibel? Seit einer Operation am Genick bereitet es mir Unbehagen, wenn sich jemand in meinem Rücken bewegt. Oder bin ich ungerecht? Die schwarze Frau ist noch jung, vielleicht verdient sie sich lediglich einen Zustupf beim Ausführen der Hochbetagten in den Park. Oder muss sie davon leben? Welche Schemata prägen gerade mein Denken? Wie auch immer: Lieber bliebe ich im Bett, als mich auf diese Weise in den Park führen zu lassen. Aber ich, ich kann (noch) gut reden!

Einleitung

Im Frühling starteten die Reformierten Kirchen der Schweiz zusammen mit Justitia et Pax sowie mit Pro Senectute eine nationale Kampagne zur Sensibilisierung für das hohe Alter.[1] Ihr vorausgegangen war die schon länger anhaltende – beunruhigende – Beobachtung, dass Hochaltrigkeit in der Öffentlichkeit bald nur noch im Zusammenhang steigender Gesundheitskosten thematisiert und immer stärker negativ konnotiert wird. Die Furcht vor der steigenden Zahl an Alzheimer- und Demenzkranken und der ängstlich besorgte Blick auf die Ausgaben lassen tatsächlich immer unverhohlener auch nach dem Nutzen der Hochbetagten Ausschau halten. So lautet die bedrängende und im Hintergrund mitlaufende Frage in einer kapitalistischen Leistungsgesellschaft: Weshalb sollen wir für Menschen, die nicht mehr produktiv sind und sowieso bald sterben werden, soviel finanzielle und personelle Ressourcen aufwenden, die wir anderswo dringend benötigen und ausserdem ertragreich und gewinnbringend einsetzen können?

Es gibt Fragen, mit denen grundlegend etwas nicht stimmt. Allein sie zu formulieren, lässt einem den Atem stocken. Sie sind Ausdruck einer despektierlichen, menschenverachtenden Haltung. Theologisch gesprochen spiegeln sie «Unglauben» im Sinne der Verunmöglichung «lebensförderlicher Beziehungen»[2] wider. Seelsorge will demgegenüber zu einer Haltung des Respekts und der gegenseitigen Achtung anleiten.

---

[1]   Pro Senectute Schweiz/Justitia et Pax, Alterskampagne 2014, http://www.alleshatseinezeit.ch/de.html (21.01.2015).
[2]   Vgl. Schneider-Flume, Gunda: Grundkurs Dogmatik, Göttingen 2004, S. 100: «Durch den Glauben kommen Menschen in lebensförderliche Beziehungen. So gewinnen sie Festigkeit und Bestand.»

Der Begriff

Eine überaus schöne und treffende Beschreibung von Seelsorge stammt von der Freiburger Theologin Kerstin Lammer:

«Dann und dort, wo Menschen Fragen haben, die sie unbedingt angehen, antwortet die Seelsorge. Um Gottes Willen leistet sie seelischen Beistand. Sie geht den Sinnfragen nach, die in besonderen Lebenssituationen aufbrechen. Sie kann dabei behilflich sein, ein erschüttertes Selbst- und Wirklichkeitsverständnis neu zu strukturieren. Sie ist gelebte, gefragte Theologie. Sie bewährt Theologie am Leben.»[3]

Seelsorge ist gelebte Theologie, die diese am Leben bewährt und vielleicht darf man sogar sagen: am Leben bewahrt. Der Begriff selbst kommt in der Bibel nicht vor. Terminologisch ist er auf Plato zurückzuführen, d. h. auf das 4. Jahrhundert vor Christus. In der berühmten Apologie des Sokrates fordert dieser seine Mitbürger auf, sich nicht um Besitz und Ehre, sondern um ihre eigene Seele zu sorgen. Dabei versteht er diese als Gegenüber zum Leib und bereitet damit dem in der Folge so überaus wirkmächtigen dualistischen Menschenbild den Boden. Dieses steht in krassem Widerspruch zur hebräischen Anthropologie, welcher eine Aufteilung des Menschen in Leib und Seele gänzlich fremd ist. Vereinfacht zusammengefasst wird der Unterschied gerne mit der Zuspitzung, im hellenistischen Denken *hätte* der Mensch eine Seele, und im hebräischen *sei* er eine Seele.[4]

In der heutigen naturwissenschaftlich-neurobiologisch dominierten Sichtweise des Menschen wird die Seele zunehmend bedeutungslos. Zu unbestimmbar ist sie. Sie lässt sich

---

[3] Lammer, Kerstin: Einführungsvortrag zur Herbsttagung der Landessynode der evangelischen Kirche in Baden, abrufbar unter: http://www.ekd.de/seelsorgekonferenz/texte/credo.html (01.08.2014).

[4] Vgl. Klessmann, Michael: Seelsorge. Ein Lehrbuch, Neukirchen-Vluyn 2008, S. 29.

weder operationalisieren noch vermessen. Zu Forschungs-
zwecken dieser Art eignet sie sich deshalb nicht. Der Begriff
beruht tatsächlich auf vorwissenschaftlichen Vorstellungen,
ohne deshalb ausgedient zu haben. Die katholische Ärztin
und Theologin Doris Nauer bezeichnet die Seele als «einen
Begriff in Not».[5] An die Stelle der «Leib-Seele-Diskussion»
sei die «hochmoderne Geist-Gehirn-Diskussion» getreten.
Nauer analysiert gar einen «Frontalangriff auf die Seele»
und macht «psychiatrisch-psychologische Todesstösse»
aus.[6] Beide Disziplinen tragen den Begriff Seele (griechisch:
psyche) zwar in ihrer Bezeichnung, doch bedürften sie
eigentlich einer Namensänderung. Umso mehr plädiert
Nauer für eine «Rückbesinnung auf das jüdisch-christliche
Seelenverständnis» und für eine «Reanimation eines für
Seelsorge unentbehrlichen Begriffs».[7]

Das in unserer Zeit besonders Attraktive am Begriff
«Seele» ist gerade der Umstand, dass ihn die Neurowissen-
schaften nicht quantifizieren können und Psychologie und
Psychiatrie ihn fallen gelassen haben, da er zu komplex ist
bzw. zu viel Unterschiedliches umfasst und integriert. Die
Wendung «eine Seele von Mensch sein» erinnert noch an ein
ganzheitliches – hebräisches – Verständnis von Menschsein.
Dieses ist für christliche Seelsorge bestimmend und
unaufgebbar. Da Seelsorge den Begriff «Seele» enthält und
auch inhaltlich bewusst an ihm festhält, knüpft sie auch an
dessen Gabe an, biblische Hoffnungsbilder nach einer
sinnerfüllten Existenz wachzurufen und Theologie auch
leben zu wollen.

---

[5]   Nauer, Doris: Seelsorge. Sorge um die Seele, Stuttgart 2007, S. 23.

[6]   A.a.O., 25.

[7]   A.a.O., 39 u. 43.

Die Haltung

Wie findet man nun zu einer seelsorglichen Haltung als einer Haltung gelebter Theologie? *Die* seelsorgliche Haltung gibt es so wenig, wie es *die* Theologie gibt. Wir können uns dem Gemeinten lediglich anzunähern versuchen. Eine der zentralen Voraussetzungen liegt darin, sorgfältig auf die Anerkennung der Subjekthaftigkeit jener zu achten, um die es geht. Wir alle wissen, wie es ist, wenn über uns statt mit uns gesprochen wird. Wir fühlen uns übergangen und von anderen abgewertet. Die Stärke dieses Gefühls mag je nach sozialer Stellung und persönlichen Ressourcen unterschiedlich sein, doch auch diese schützen nicht davor, sich verletzt zu fühlen. Im Zusammenhang mit Hochaltrigkeit sollen zuallererst hochbetagte Menschen selbst zu Wort kommen. Von ihnen gilt es zu lernen, was sie bedrückt und was sie erfreut, wo sie die spezifischen Herausforderungen ihres Alters sehen und welche Haltung ihnen gegenüber sie gerne erfahren möchten.

Judith Giovanelli-Blocher hat in einem kurzen und sehr berührenden Beitrag ihren eigenen «Übergang vom autonomen zum fragilen Alter» geschildert.[8] Für sie neu ist die Erfahrung, in der Öffentlichkeit zunehmend einfach «ignoriert» zu werden, wenn man sie nicht erkennt. Dieses Ignoriertwerden, dieses «nicht mehr zu denen, die drauskommen», gezählt zu werden, ist zutiefst irritierend und schmachvoll. Ich sehe die Frau im Washington Square Park vor mir, die auch einfach ignoriert wurde. In aller Öffentlichkeit sass man in ihrem Rücken, stützte sich auf ihren Rollstuhl und trommelte mit den Fingern auf ihn, während man mit dem Handy telefonierte und telefonierte.

---

[8]   Giovanelli-Blocher, Judith: Geht es noch?, in: Neue Wege 10/2007, S. 276f.

Judith Giovanelli-Blocher führt ihre Erfahrung des Ignoriertwerdens auf ihre eigene Erscheinung zurück: «Ich gehe am Stock und wegen Gleichgewichtsstörungen mit Vorteil am Arm meines Mannes. Ich ziehe beim Einsteigen in den Zug oder bei Verhandlungen am Schalter häufig das Gesicht zusammen, denn ich bin schwerhörig, und in lärmiger Umgebung hilft mein Hörapparat zu wenig.»[9]

Es sind jedoch nicht nur körperliche Beeinträchtigungen, die ihr zu schaffen machen und ihr Aussehen und Verhalten im öffentlichen Raum prägen, sondern auch kognitive: «Zudem werden heute jeden Tag neue Begriffe für Dinge des täglichen Umgangs erfunden, von denen ich einfach nur die Hälfte verstehe.»[10]

Diese umfassende Fragilität führt dazu, dass das Verlassen der Wohnung und der vertrauten Umgebung einer besonderen Überwindung bedarf, denn – so Judith Giovanelli-Blocher: «Es macht mir Angst [...] Kein Wunder präsentieren wir Fragilen uns in der Öffentlichkeit so, dass man am liebsten wegschaut ...»[11]

Diesen Satz fand ich bei der Lektüre besonders schmerzhaft. Wie lebt es sich im Gefühl, dass Andere sich bei meinem Anblick peinlich berührt fühlen, sich sozusagen «fremdschämen» oder gar ekeln und lieber wegschauen möchten?

«Wir Hochaltrigen, Fragilen merken, dass wir auf die Verlustseite des Lebens eingeschwenkt haben, dorthin, wo man täglich das Schwinden der Kräfte und, was mich noch schlimmer dünkt, der bisher gewohnten routinierten Lebensbewältigungsfähigkeiten feststellt.»[12]

---

[9]   A.a.O., 276.
[10]   Ebd.
[11]   Ebd.
[12]   A.a.O., 277.

In dieser Situation «Trost» und «Alternativen» zu finden, hält Giovanelli-Blocher für möglich, doch nur, «wenn die Tatsache des Älter-Werdens akzeptiert und geteilt wird – sowohl von den Betroffenen wie von der Gesamtgesellschaft.»[13] Dass genau dies nicht geschieht, zeigt sie an verschiedenen Beispielen auf wie etwa dem Verschwinden von Sitzbänken in den Städten und dessen Auswirkungen gerade für Hochbetagte.

Schliesslich enttarnt sie die verschiedenen Versuche, diese letzte Lebensphase zu beschönigen: «Sie haben Zeit, dürfen langsamer werden, sie können innere Werte kultivieren, loslassen, an die Ewigkeit denken, sie gewinnen Altersweisheit, sie können Lebenserfahrung auskosten etcetera etcetera – diese Sätze wirken verlogen, da kein Mensch vor Eintritt der Fragilität von diesen Werten etwas wissen will.»[14]

Dieses Nicht-wissen-Wollen der im Sinne Giovanelli-Blochers Vor-Fragilen gilt es zu reflektieren, denn darin steckt eine Gesellschaftskritik, die auch im Begriff der «Altersangst» enthalten ist.[15] Das, wofür sich die Seelsorge einsetzt und was die Seele des Menschen gleich welchen Alters benötigt – von Zeit haben bis eigene Erfahrungen bedenken –, fördert jenes Wissen, das in unserer Gesellschaft dem Nicht-wissen-Wollen zugrunde liegt. Es ist das Wissen um die eigene stets vorhandene, vom Alter unabhängige Fragilität. Im Kern ist das Nicht-wissen-Wollen eine Abwehr der Einsicht in die wesentliche Fragilität des Menschseins selbst, in unser aller Endlichkeit. Die Unterscheidung zwischen Fragilen und Nichtfragilen täuscht, denn gerade die Fragilität verbindet uns alle miteinander. Da Giovanelli-Blocher dies nicht

---

[13]   Ebd.
[14]   Ebd.
[15]   Er stammt vom Soziologen Franz Kolland. Vgl. Seifert, Kurt: Stark sein in der Schwäche. Das hohe Alter als Schrecken oder als Möglichkeit der Sinnstiftung, in: Neue Wege 10/2013, S. 271–275, hier: 271.

ausspricht, Fragilität an eine Lebensphase knüpft und auf Altersgebrechen einschränkt, statt aufs Menschsein an sich bezieht, gelangt sie am Schluss zur selben Frage, der wir eingangs begegnet sind: «Brauchen wir solche Alten?» Sie selbst beantwortet die Frage wie folgt: «Nach meiner Meinung wären alte Menschen, die zu ihren Einschränkungen stehen und das, was sie daraus machen, der Gesellschaft zur Verfügung stellen, ebenso dringend wie Junge, die mutig vorwärts streben und das Neue anpacken.»[16]

Was mich nachdenklich stimmt und auch bestürzt, ist der Umstand, dass hier die Frage, die in verkürzter Form unserer Anfangsfrage entspricht, unwidersprochen akzeptiert wird, statt sich gar nicht erst auf sie einzulassen. In der Folge kommt die Antwort deshalb als persönliche Meinung daher – als ob es sich bei der formulierten Frage, ob Menschen benötigt würden oder nicht, um eine Meinungsangelegenheit handeln würde. Am Ende muss schliesslich die eigene Lebensberechtigung verteidigt werden. Aber müssen bzw. können wir Menschen uns überhaupt für unser Dasein rechtfertigen? So kämpferisch und aufmüpfig der Beitrag begann, so beklemmend in seiner Art endet er. Es tut weh, wenn ein hochbetagter Mensch die eigene Nützlichkeit für die Gesellschaft zur Diskussion stellt und zu begründen versucht.

Eine seelsorgliche Haltung erinnert an die menschliche Fragilität an sich. Aus seelsorglicher Sicht ist es eben gerade nicht so, dass die einen fragil sind und die anderen nicht. Die Fragilität von Menschen bemisst sich nicht an deren Alter. Fragilität gehört zum Menschsein selber. Das Älterwerden mag dies stärker in Erinnerung rufen als die Jugendzeit. Letztere mag einen eher darüber hinwegtäuschen. Eine seelsorgliche Haltung ruht fundamental auf dem Wissen der

---

[16]   A.a.O., 277.

eigenen – vom Alter und Körper unabhängigen – Gebrechlichkeit. Je mehr eine Gesellschaft und ihre Mitglieder sich
hier etwas vormachen und die eigene Zerbrechlichkeit und
Endlichkeit delegieren, desto stärker müssen sich Hochbetagte als fragil empfinden.

Seelsorge lässt sich auf gewisse Fragen nicht ein, sondern antwortet, indem sie sie als Unfragen entlarvt – zum
Beispiel die Frage nach dem Nutzen der Hochbetagten. In
dem Sinn ist Seelsorge gelebte Theologie und bezeichnet
eine bewusste und reflektierte Haltung des Glaubens.

Seelsorgende begleiten Menschen auf ihrem spirituellen Weg, dem Weg, der sie mit dem verbindet, worauf sie im Tiefsten vertrauen können. Die hochbetagten Menschen, denen die Seelsorgenden heute begegnen, haben ganz verschiedene religiöse und spirituelle Prägungen. Diese zu respektieren und als Kraftquelle zu erschliessen, ist Aufgabe aller Begleitpersonen, jedoch der Seelsorge im Speziellen.

Worauf Seelsorge in der spirituellen Begleitung von Menschen mit Demenz achten sollte, beschreibt **Anemone Eglin** und zeigt dadurch, welche Kraft die Spiritualität den Menschen für das letzte Reifen im Leben vermittelt.

Die Seelsorgebegegnungen von **Anne-Marie Müller** veranschaulichen, was Seelsorge vermag, wenn sie auch andere Sprachen als die gesprochene beherrscht, an den Lebensgeschichten anknüpft und die inneren Schätze zu heben versucht.

Verschiedene Sprachen der Seele sprechen

Abendmahl

Frau F schläft tief und fest.
Sobald ich mit der Abendmahlsliturgie angefangen hatte, ist sie
eingeschlummert.
Sie hört ja auch fast nichts. Meine Worte sind für sie wohl nur
fernes Gemurmel.
Vom Mut rede ich, den wir aufbringen, uns im Advent mit einer
einzigen ersten Kerze gegen die Dunkelheit zu stemmen. Vom
Wagnis, unsere kleinen Gesten und Möglichkeiten nicht für
nutzlos zu halten. Von der Herausforderung, einem einzigen
Bissen Brot, einem Schluck Wein zuzutrauen, dass sie uns bele-
ben und stärken und befeuern. Vom Wunder, dass die Verände-
rung der Welt ganz klein anfängt in einem Neugeborenen.

Frau F schläft tief und fest.

Ich lese die Einsetzungsworte. Verteile das Brot. Frau F wacht
auf und lässt sich den Bissen schmecken.
Sofort schliesst sie wieder die Augen.

Ich verteile den Traubensaft. Frau F schaut mich überrascht an
und nimmt den Becher ehrfürchtig entgegen. Und sagt ganz
deutlich: «Danke. Noch nie in meinem Leben bin ich so ver-
wöhnt worden.»

Wir beten.
Frau F schläft tief und fest.

Ruhe

Ich schrecke auf, als die Pflegerin eintritt. Da bin ich doch tat-
sächlich kurz eingenickt!

Herr D sei so unruhig, hat man mir gesagt, ob ich mal eine Stunde Zeit hätte, um bei ihm zu sein. Herr D wird wohl bald sterben.

Unsere Begegnung verlief anfangs schwierig. Herr D schien alarmiert über mein Kommen, murmelte dringliche Sätze, die ich nicht verstand, fuchtelte mit den Händen, drehte unruhig den Kopf. Ich setzte mich neben sein Bett und versuchte, auf seine Äusserungen irgendwie einzugehen. Aber was ich auch tat und sagte und anbot, von leisem Summen über den Vorschlag zu beten zu verständnisvollem Aufnehmen der Wortfetzen und Bewegungen von Herrn D – alles schien ihn nur noch mehr zu verwirren und aufzuregen. Nur meine Hand hielt er beständig in seiner.

Ich verstummte. Schloss meine Augen.

Ich kann nichts tun. Da muss ein anderer helfen, Ruhe, Licht, Wärme schenken. Bitte!

Es ist ganz still.

Bis die Pflegerin eintritt und uns beide weckt.

Singen

Frau H hat sehr viel Pech gehabt in den letzten Monaten. Seit ihrem Eintritt bei uns ist sie zweimal hingefallen und hat sich den Schenkelhals gebrochen.

Weil sie immer wieder vergisst, dass sie nicht aufstehen und das verletzte Bein belasten soll, hält ein Gurt sie auf dem Stuhl fest. Damit kann sich Frau H nur sehr schlecht abfinden.

Zum ersten Mal erkennt sie mich heute nicht. Trotzdem erlaubt sie mir, sie auf dem Stuhl einmal rund um die Abteilung zu fahren. Ihre Sprache hat sich stark verschlechtert, ich kann nur

noch Bruchstücke verstehen. «Ich nehme es, wie es kommt»,
verstehe ich. Und: «Ich gehe hier weg.» Dazwischen stösst
Frau H immer wieder hohe, spitze Töne aus, die sie selber kaum
zu bemerken scheint. Zuerst nehme ich Schreie darin wahr, aber
auf einmal höre ich, wie rein das klingt.
«Singen Sie?», frage ich Frau H.
«Ja», antwortet sie, «ich habe immer schon ...»
Und schon klingt der Ton wieder. Ich versuche ihn nachzusin-
gen, aber er ist zu hoch für mich. «Meine Stimme ist tiefer als
Ihre», sage ich, und probiere es eine Oktave tiefer. Eine Weile
singen wir uns die Töne vor, ich wage ein paar Variationen,
kurze Folgen von zwei, drei Noten. Frau H stösst immer densel-
ben Ton hervor. Vielleicht ist es ja doch ein Schrei?
Als Frau H müde zu werden scheint, verabschiede ich mich. An
der nächsten Ecke im Korridor holt mich ihre Stimme ein. Der
hohe Ton – und dann meine Variation! Frau H singt!

Tanzen

Am Muttertag spielt im Gottesdienst immer die Blasmusik.
Wenn die Kirchenlieder, für die Musiker eher ungewohnt, ab-
solviert sind, folgen die Bravourstücke des Vereins, immer
schwungvoller gegen das Ende des Gottesdienstes.
Während des Ausgangsspiels sitze ich vorn, der Gemeinde zu-
gewandt. Frau W sitzt fünf Meter entfernt mir genau gegenüber
im Rollstuhl. Sie ist eine elegante Frau, die auf mich bis jetzt
immer etwas streng gewirkt hat. Nicht jemand für frivolen
Smalltalk!
Die Musik gewinnt an Rhythmus. Unwillkürlich fangen meine
Beine an zu wippen. Und die Beine von Frau W spiegeln die
Bewegung!

Ich traue meinen Augen kaum. Das muss ich ausprobieren! Im Sitzen mache ich einige Tanzschritte, nach vorn, zur Seite, nach hinten, das eine Bein nach aussen, das andere hinterher ... Getreulich wie in der Tanzstunde folgen die Beine von Frau W. Unsere Blicke treffen sich. Wir strahlen beide. Und tanzen lachend weiter, bis die Musik aufhört.

Segen

Ich zögere.

Ich kenne Herrn P ja nicht. Dies ist erst unsere zweite Begegnung. Er liegt heute im Bett, bewegt unruhig die Beine. Ab und zu schaut er mich kurz an. Es ist still.

Von der Pflege weiss ich, dass Herr P früher oft den Gottesdienst besucht hat. Vielleicht tun ihm vertraute Worte gut? Ich lese ihm den 139. Psalm vor: «... du verstehst meine Gedanken von ferne.»

Mir tut es wohl, dass Gott weiss, was in Herrn P vorgeht, auch wenn ich es nicht verstehe.

Mutig geworden, segne ich Herrn P zum Abschied. Ich lege ihm die Hand auf die Stirn und spreche die uralten Worte: «Gott segne dich und behüte dich. Gott lasse sein Angesicht leuchten über dir und sei dir gnädig. Gott erhebe sein Angesicht auf dich und gebe dir Frieden.»

Stille. Herr P reagiert nicht.

Unsicher verabschiede ich mich.

Beim nächsten Besuch ist Herr P auf, sitzt vor einem Becher Sirup. Ob er noch weiss, wer ich bin? Ich setze mich neben ihn, sage ein paar unverfängliche Worte, warte.

Herr P schaut mir gerade in die Augen. Er greift nach meiner Hand. Und legt sie sich auf die Stirn.

Aber heute bin ich es, die gesegnet wird.

Verlust

Frau A hat mich am Samstag Morgen zu sich bestellt. Seit sie ihr neues Zimmer bezogen hat, ist sie in heller Aufregung.
«Das ist furchtbar!», ruft sie. «Das ist schrecklich hier! Ich habe gar nichts mehr, nicht einmal mehr Kleider zum Anziehen.»
Ich bin verwirrt. Letzte Woche hat sich Frau A so auf den Umzug gefreut und darauf, dass sie in der neuen Abteilung mehr eigene Möbel mitbringen darf. Jetzt ist alles gemütlich eingerichtet, ihre elegante Garderobe säuberlich im Schrank verstaut.
Aber Frau A kann ihre Kleider einfach nicht sehen, so wenig wie die Möbel. Alles ist verloren!
«Am schlimmsten ist es», fährt Frau A fort, «am schlimmsten ist es, dass nur ich hier genug zu essen bekomme. Die anderen müssen hungern, da müssen Sie unbedingt etwas unternehmen, das müssen Sie im Dorf unten publik machen, was hier für Zustände herrschen!»
Ich zeige ihr den Kuchen, den ich mitgebracht habe, den sie verteilen könne. Ich fahre sie im Rollstuhl ins Esszimmer, wo die anderen BewohnerInnen gerade am Mittagessen sitzen.
Frau A nimmt das alles nicht zur Kenntnis. «Unglaubliche Zustände haben wir hier! Machen Sie endlich etwas!», ruft sie wieder und wieder.
Es dauert über eine Woche, bis Frau A auf einmal wieder ganz die Alte ist, zuvorkommend, wohlwollend, allen gegenüber hilfsbereit – und stolz auf ihr schönes Zimmer. Auch wenn sie mir gesteht, wie schwer es ihr fällt, dass dies hier nun ihr letztes Zimmer sein wird. Und auch wenn sie tatsächlich unendlich viel verloren hat in den letzten Jahren: Freunde, das Haus, in dem sie über dreissig Jahre gelebt hatte, den Garten, so viele Verwandte, nahezu die ganze Selbständigkeit.

Erst Monate später erzählt mir eine Freundin von Frau A, dass diese in ihrer Jugend in einem Flüchtlingslager des Roten Kreuzes gearbeitet habe. Sie habe sehr gelitten darunter, dass sie nicht allen helfen konnte, dass sie selbst zwar immer zu essen hatte, aber nie genug da war für alle.

Abschied

Wir nehmen Abschied von Herrn D. Seine Beerdigung hat schon letzte Woche stattgefunden, und jetzt denken wir hier noch einmal an ihn, im Stübli der Abteilung, in der er die letzten zweieinhalb Jahre gelebt hat. Nach der Begrüssung lese ich einen Psalm und verbinde ihn in einer kleinen Predigt mit dem Leben von Herrn D. Dann zünde ich für jeden Anwesenden – Bewohner, Angehörige, Pflegerinnen – eine Kerze an. Reihum stellen wir die Lichter auf den Tisch zum Bild von Herrn D. Wer mag, sagt etwas dazu, teilt eine Erinnerung an Herrn D mit uns anderen, formuliert gute Wünsche für ihn und seine Familie.

Frau Q war nicht gut mit Herrn D bekannt, obwohl sie schon länger bei uns lebt als er. Herr D hat die meiste Zeit in seinem Zimmer verbracht, während Frau Q aktiv an den Anlässen im Haus teilnimmt und auch häufig in der Cafeteria anzutreffen ist. Jetzt hält sie aber ihre Kerze lange nachdenklich in der Hand. Dann setzt sie ihren Rollstuhl mühsam mit einem Fuss in Bewegung, fährt ganz nahe an den Tisch heran und stellt ihr Lichtlein zum Bild des Verstorbenen.

«Einen Gruss an meinen Mann», sagt sie halblaut. «Ich komme auch bald!»

Verständnis

Ich weiss nicht, ob Herr B Herrn N gekannt hat. Jedenfalls sitzt er pünktlich im Stübli und hört meiner Abschieds-Andacht aufmerksam zu. Ich reiche ihm eine brennende Kerze. Wenn Herr B möchte, kann er ein paar Worte sagen, dem verstorbenen Herrn N einen guten Wunsch mitgeben, eine Erinnerung mit uns anderen teilen.

Aber Herr B ist still. Er hält die Kerze sorgsam in seiner Hand. Dann steht er umständlich auf und geht um den Tisch herum zum Sofa, wo die Witwe von Herrn N sitzt. Vor ihr bleibt er stehen und reicht ihr schweigend die Kerze. Frau N steht ebenfalls auf und empfängt das Licht. Die beiden sehen sich an. Herr B berührt Frau N leicht an der Schulter. Dann dreht er sich um und geht an seinen Platz zurück.

Die nächste Kerze bekommt Frau J. Auch sie schweigt einen Moment. «Ich weiss nur, wie das war, als mein Mann damals gestorben ist», sagt sie dann. «Meine Kinder haben mir geholfen.» Frau N und Frau J schauen sich an. Beide nicken.

Ich mache einen Schritt zurück. Es ist alles gesagt.

Ich schenke dir einen Sonnenuntergang
Spirituelle Begleitung von Menschen mit Demenz

Anemone Eglin

Und eines Tages alt sein
und noch lange nicht alles verstehen
nein
aber anfangen
aber lieben, aber ahnen
aber zusammenhängen
mit Fernem und Unsagbarem
bis in die Sterne hinein.

Rainer Maria Rilke[1]

Sich verbunden fühlen – über alle Grenzen hinweg

Jeden Abend sitzt der demente Herr K. bei einbrechender Dämmerung am Fenster und betrachtet den Sonnenuntergang. Versunken in seine eigenen Gedanken. Berührt von Fernem und Unsagbarem? Vielleicht. Dieser Moment des Tages scheint ihm sehr wichtig zu sein. Hat das Betrachten des Sonnenuntergangs etwas mit Spiritualität zu tun? Würde das zutreffen, wäre das abendliche Ritual für das Wohlbefinden von Herrn K. wichtig und wertvoll. Zahlreiche Studien, die in

[1]   Rainer Maria Rilke an Arthur Holitscher, 13.12.1905, in: Rilke – Gesammelte Werke © 2013, Anaconda Verlag GmbH, Köln, ISBN 978-3-86647-926-5.

den letzten Jahren durchgeführt worden sind, belegen, dass
Spiritualität ein wesentlicher Faktor von Lebensqualität sowie eine bedeutsame Ressource zur Bewältigung von Kri-
sensituationen ist. Die Frage ist, was wir unter Spiritualität
verstehen.

Spiritualität knüpft beim Menschen und seinen Erfahrungen an

Eine wissenschaftlich anerkannte Definition von Spiritualität
gibt es bis heute noch nicht. Der Begriff Spiritualität stammt
ursprünglich aus der christlich-theologischen Tradition und
bedeutet, sein Leben aus der Kraft des Heiligen Geistes zu
führen. Ausserhalb des theologischen Zusammenhangs,
beispielsweise in der gerontologischen Diskussion, wird Spiritualität hingegen sehr allgemein als eine Dimension mensch-
licher Erfahrung aufgefasst. Dies aus dem Bemühen heraus,
ein Verständnis von Spiritualität zu formulieren, das für
Menschen unterschiedlicher Religionszugehörigkeit an-
schlussfähig ist, was in einem multireligiösen, zunehmend
säkularen Umfeld unabdingbar ist. Im Gesundheitswesen ist
der multikulturelle und multireligiöse Mix längst zur Norma-
lität geworden – zumindest in der Schweiz. Die Institution
beispielsweise, in der ich arbeite, beschäftigt Mitarbeitende
aus über fünfzig Nationen. Auch die Menschen mit Demenz,
die hier wohnen, fühlen sich je länger je weniger einer einzigen Religion verbunden oder zugehörig. Zukünftige spirituelle Begleitung ist herausgefordert, ein Verständnis von
Spiritualität zu entwickeln, das beim Menschen anknüpft und
offen für ganz unterschiedliche spirituelle Ausprägungen ist.
Spiritualität darf nicht auf eine bestimmte Religion beschränkt
werden, religiösen Glauben aber auch nicht ausschliessen.

Spiritualität umfasst Religiosität, geht jedoch weit darüber hinaus.

Der Wiener Religionswissenschaftler K. Baier[2] legt einen Ansatz vor, der sich meines Erachtens als Grundlage für spirituelle Begleitung eignet. Er hält fest, dass es zum Menschsein gehört, «sich selbst und seine Welt zu interpretieren». Das geschieht nicht in einem luftleeren Raum, sondern wir befinden uns immer in Situationen, in denen wir uns zu verhalten haben. Eine Situation für sich allein gibt es nicht. «Wir leben in verschachtelten einander durchdringenden und umgreifenden Situationen ...»[3] Herr K. beispielsweise betrachtet den Sonnenuntergang als einer, der von der Pflege gerade in den Lehnstuhl vor das Fenster gesetzt worden ist. Das Zimmer, in dem er sich befindet, gehört zu einem Pflegeheim, das wiederum zu einem Quartier usw. – das heisst, sein Sitzen am Fenster ist in immer weiter gefasste Situationen eingebettet bis hin zu der äussersten, sogenannten Grundsituation. «Als Grundsituation [...] fungiert für den Einzelnen [...] die jeweils äusserste und weiteste Situation, die allen anderen Situationen als sinnbestimmend zugrunde liegt und in ihnen mit gegenwärtig ist, so dass sie uns durchgängig, wenn auch meist nur hintergründig angeht. Sie trägt als Lebensorientierung alle anderen Situationen, auch wenn sie keineswegs immer bewusst ist.»[4] Rilke weist poetisch auf die Grundsituation hin, wenn er schreibt «zusammenhängen mit Fernem und Unsagbarem bis in die Sterne hinein.»

---

[2] Vgl. dazu: Baier, Karl: Philosophische Anthropologie in: Spiritual Care 1/2012:24–31.

[3] A.a.O., 27.

[4] A.a.O., 28.

Symbolische Annäherung an das innerste Geheimnis

Grundsituationen liegen im Bereich der Ahnungen. Sie können jedoch ab und zu zugänglich werden. Einem Menschen kann plötzlich ein Sinnzusammenhang aufgehen, der ihm vorher verschlossen, zugleich jedoch nicht gänzlich fremd war. Was jemand erahnt, wie ihn das berührt und innerlich wandelt, ist sehr intim und in höchstem Masse persönlich. In dem Sinn rührt Spiritualität das Geheimnis eines Menschen, das oft nicht einmal ihm selbst voll zugänglich ist. Viele erfahren es als eine unbestimmte Sehnsucht nach «mehr», ohne dass sie genau ausdrücken könnten, was sie unter diesem «mehr» verstehen. Es geht darum, worauf ein Mensch im Tiefsten vertraut, was ihn hoffen lässt und sinnstiftend ist. Diesen innersten Bereich, zu dem Begleitende keinen direkten Zugang haben, gilt es zu respektieren und zu schützen. Menschen geben jedoch vielfältige, meist symbolisch verschlüsselte Hinweise auf ihr innerstes Geheimnis. Mit Bildern, Liedern, Gedichten, Gebeten und Ritualen, die für sie bedeutsam sind, weisen sie auf die Grundsituation hin, in der sie sich letztlich eingebettet fühlen. Dies können, müssen jedoch keineswegs, religiöse Symbole und Texte sein. Welche Symbole jemand findet und auf welchem religiösen oder spirituellen Hintergrund er sie interpretiert, ist höchst individuell und hängt mit seinen lebensgeschichtlichen Erfahrungen zusammen. Für Herrn K. beispielsweise scheint der Sonnenuntergang mehr zu bedeuten als einfach das zeitliche Ende des Tages.

Für die spirituelle Begleitung eignet sich deshalb ein phänomenologischer, das heisst indirekter Zugang, der von dem

ausgeht, was ein Mensch von sich zeigt.[5] Spirituelle Begleitung stellt den begleiteten Menschen ins Zentrum: Sie lässt
sich von dem leiten, was ihm wichtig ist und nicht von vorge-
gebenen Konzepten und wird damit sehr individuell.

Spirituelle Begleitung – ein Zugang zum Woher, Wohin, Wozu

Wird spirituelle Begleitung derart individualisiert, könnte das
auf den ersten Blick Begleitende verwirren und überfordern.
Welche Äusserungen oder Bedürfnisse eines Menschen sind
als «spirituell» zu interpretieren und welche als «gewöhnlich»? Woran können Begleitende sich orientieren? Aufgrund
meiner langjährigen Erfahrung in der Schulung von Pflegenden bewährt es sich, sich auf menschliche Grundfragen zu
konzentrieren, die im Wesentlichen über die Jahrhunderte
hinweg dieselben geblieben sind: Woher komme ich? Wohin
gehe ich? Wozu bin ich auf der Welt? Sie geben im unüber-
sichtlichen Feld spiritueller Ausdrucksformen eine gewisse
Orientierung, ohne Individualität einzuschränken. Um einem
allfälligen Missverständnis vorzubeugen, sei hier klar gesagt, dass «Fragen» nicht meint, ein Mensch setze sich hin
und suche nach einer kognitiven Antwort auf seine Fragen.
Mit Fragen sind vielmehr existenzielle Herausforderungen
gemeint, mit denen jeder Mensch im Lauf seines Lebens
konfrontiert wird.

---

[5]   Im Rahmen einer Kooperation des Instituts Neumünster mit dem Zen-
        trum für Gerontologie der Universität Zürich wurde ein Modell für die
        spirituelle Begleitung im Alltag der Langzeitpflege entwickelt und
        evaluiert: Zwinggi, Susanne et al.: Spiritualität in der stationären Al-
        terspflege. Evaluation in Kooperation mit dem Diakoniewerk Neu-
        münster, Zollikerberg, Zürich: Universität Zürich, Zentrum für Geron-
        tologie 2006.

Mit dem Fragen nach *woher, wohin* und *wozu*, das heisst mit dem Suchen nach Grund und Ziel seines Lebens, weist der Mensch über sich hinaus auf seine äusserste Grundsituation. Er verweist auf etwas, das grösser und umfassender ist als er selbst. Menschen haben immer wieder erfahren, dass sie bei diesem Suchen nach dem Umfassenden nicht ins Leere greifen. Sie haben erkannt, dass da nicht «nichts» ist, sondern dass da etwas ist, das sie umgibt, von dem sie sich getragen und in das sie sich eingebettet fühlen. Sie können es nicht benennen, nicht ganz fassen und doch haben sie eine Ahnung davon, dass sie mit einem grossen Ganzen verwoben sind, aus dem sie kommen, in das sie wieder zurückkehren und aus dem sie Lebenssinn schöpfen.[6]

Ausgehend von den drei Grundfragen entfalten sich spirituelle Bedürfnisse in dreifacher Hinsicht. Es geht erstens um das Bedürfnis nach Zugehörigkeit und Geborgenheit in einem weiten, umfassenden Sinn, das hinter der Frage nach dem Woher steckt. Es geht zweitens um das Bedürfnis nach Trost und einer Hoffnung, die durch Schmerz und Leid hindurchträgt, was mit der Frage nach dem Wohin zusammenhängt. Und es geht drittens um die Suche nach Lebenssinn, die mit der Frage nach dem Wozu verbunden ist.

Demente Menschen leiden an ihrem Zustand. Das ist erwiesen und soll auch nicht übergangen werden. Sie sind nicht ohne Geist, was mit dem Begriff «dement» manchmal assoziiert wird, sondern sie nehmen vieles wahr, das mit ihnen geschieht. Und sie haben immer wieder sogenannt lichte Momente, in denen sie ihre Situation ganz klar erfassen.

---

[6]   Vgl. dazu Bucher, Anton: Psychologie der Spiritualität, S.33: «Als Kernkomponente der qualitativen Studien (zu Spiritualität AE) stellte sich der Begriff der «Verbundenheit» (connectedness) heraus.»

> Die demente Frau Z. erkennt ihre Kinder seit Längerem nicht mehr und gibt nur noch unverständliche Laute von sich. Einige Tage vor ihrem Tod öffnet sie plötzlich die Augen, spricht ihre Tochter mit Namen an und äussert in einem einzigen, klar verständlichen Satz ein Bedürfnis. Gleich darauf löst sich die Sprache wieder in unverständliche Laute auf.

Spirituelle Begleitung von Menschen mit Demenz versucht die Bedürfnisse nach Trost, Geborgenheit und Sinn wahrzunehmen und behutsam darauf einzugehen. Ihr Ziel ist, Menschen Geborgenheit zu vermitteln, sie in ihrem Leiden zu trösten und ihnen zu helfen, einen Sinn in ihrem Dasein zu finden. Sie trägt dazu bei, lebensfördernde Haltungen zu unterstützen und stärkt damit die Lebensqualität von Menschen mit Demenz.

Spirituell begleiten – kommunizieren in einer Vielfalt von «Sprachen»

Demenz stellt hohe Anforderungen an Betreuungspersonen, wovon auch die spirituelle Begleitung nicht ausgenommen ist.

Religiosität und Spiritualität leben von persönlichen und kollektiven Erfahrungen, die sich in Texten niedergeschlagen haben, von Ritualen, die gedeutet werden und von persönlichem Erleben, das auf einem spirituellen oder religiösen Hintergrund interpretiert wird.

Oft verlieren jedoch Demenzkranke mit dem Fortschreiten der Demenz den Bezug zu religiösen Geschichten und Ritualen beispielsweise zum Abendmahl. Manchmal sitzen sie da, halten ein Stück Brot in den Händen, bekommen einen Kelch mit Wein und wissen einfach nicht mehr, was sie damit tun sollen. Sie verschütten den Wein, stecken das Brot in die

Jackentasche und blicken hilflos um sich. Manchmal verwei-
gern sie sogar den Kelch oder das Brot. Für kognitive Deu-
tungen und Erklärungen sind sie nicht mehr zugänglich.

Religiöse und spirituelle Begleitung legt üblicherweise
den Schwerpunkt auf das Gespräch, das zu führen für demente Menschen zunehmend schwierig mit der Zeit sogar
unmöglich wird, da ihre kognitiven Fähigkeiten abnehmen.
Auf anderen Ebenen bleiben ihnen jedoch Fähigkeiten erhalten oder treten sogar deutlicher zutage, als das vorher der
Fall war. Sie sind emotional ansprechbar, ihre sinnliche
Wahrnehmungsfähigkeit bleibt über weite Strecken erhalten, sie reagieren auf körperliche Berührungen und zeigen
ihre seelische Bedürftigkeit meist direkter und ungeschütz-
ter als früher. Menschen mit Demenz stellen nur schon deshalb Anfragen an unsere Kommunikation; wir konzentrieren
uns meist auf Worte und vernachlässigen die Möglichkeiten
der «Sprachvielfalt»: Symbole, Körper, Sinne, Gegenstände,
Szenen, Musik, Bewegung, Malen und anderes mehr. Kommunikation im Vollsinn des Wortes *communio* heisst, Gemeinschaft miteinander über eine Vielfalt von «Sprachen»
zu pflegen.

Den inneren Schatz zum Tragen kommen lassen

Menschen mit Demenz, die auf Unterstützung angewiesen
sind, bringen eine reiche Lebenserfahrung mit auch in spiritueller oder religiöser Hinsicht. Sie tragen einen Schatz an
Bildern, Geschichten, Liedern, Ritualen und anderem mehr
in sich, den sie sich im Lauf ihres Lebens angeeignet haben,
der ihrer Erinnerung jedoch nur noch bruchstückhaft zugänglich ist. Die Herausforderung für Begleitende besteht

darin, Menschen mit Demenz zu unterstützen, diesen inneren Schatz im Alltag lebendig werden zu lassen. Er ist eine wichtige Ressource zur Stärkung der Lebensqualität in einem sehr weiten Sinn. Alles, was Menschen Geborgenheit vermittelt, was ihnen Sinn gibt und was sie tröstet, gehört dazu. Da Begleitenden der sprachlich-kognitive Zugang zu dieser inneren Ressource weitgehend verschlossen ist, sind alternative Zugänge erforderlich. Dann sind auch Menschen mit Demenz durchaus in der Lage sich zu er-*innern*. Auch unser Gedächtnis funktioniert noch über ganz andere Kanäle als dem sprachlich-kognitiven, nämlich über alle Sinne und über Szenen. Ein vertrauter Geruch, eine längst vergessene Melodie oder Bilder aus der Kindheit können Erinnerungen hervorholen.

> Der demente Herr P. riecht den Duft von Kuchen, der gerade im Ofen gebacken wird. Er erinnert sich strahlend an den Sonntagskuchen, den seine Mutter jeden Samstag buk.

> Die demente Frau M. kann auf Kindheitsfotos mühelos ihren Vater identifizieren. Sie erinnert sich daran, wie der Vater sie auf den Knien hielt und wie schön das war.

> Die demente Frau S. kann keinen verständlichen Satz mehr formulieren. Wenn jedoch jemand ein altes, ihr vertrautes Kirchen- oder Volkslied anstimmt, singt sie alle Strophen fehlerfrei auswendig und klar artikuliert mit. Es sind Momente von fröhlicher Leichtigkeit.

Diese Beispiele haben sich in ganz alltäglichen Situationen zugetragen, die symbolischen Charakter haben. Die Welt dementer Menschen schrumpft auf ihre nächste Umgebung und die Menschen, die sie pflegen. Diese bekommen dadurch ein umso grösseres Gewicht. Was Demenzkranke mit den Menschen, die sie betreuen erleben, kann sich darauf auswirken, ob sich ein Mensch letztendlich geborgen oder getröstet fühlt. Ein besonders eindrückliches Beispiel ist Frau M.

> Die demente Frau M. will nichts mehr von Religion oder Gott hören. Sie reagiert gereizt, wenn jemand davon spricht. Die Betreuenden sind ausgesprochen liebevoll mit ihr. Eines Tages meint sie: «Ihr seid so liebevoll zu mir, es muss doch irgendwo einen Gott geben.»

Spirituelle Begleitung ist nicht ausschliesslich an einen Berufsstand gebunden. Alle, die Menschen mit Demenz betreuen und begleiten – seien das Professionelle aus der Seelsorge, der Pflege, der Therapie und andern Berufen wie auch Angehörige, die ihre Familienmitglieder betreuen – können ihren Beitrag leisten. In einer Institution ist es wichtig, dass sich die verschiedenen Berufsgruppen mit ihren unterschiedlichen Kompetenzen als einander ergänzend verstehen und zum Wohl der betreuten Menschen eng zusammenarbeiten. Das bedeutet beispielsweise, dass sie ihre Wahrnehmungen, die sie in der Begleitung eines dementen Menschen gewonnen haben, zusammentragen, um ihn als Team besser und differenzierter unterstützen zu können.

Einander begegnen – sich gegenseitig beschenken

Spirituelle Begleitung orientiert sich ganz am Gegenüber und seinen Bedürfnissen. Es geht darum, Menschen mit Demenz in *ihrem* Suchen nach Sinn, in *ihrem* Leiden sowie in *ihrer* Sehnsucht nach Vertrautheit und Geborgenheit achtsam zu unterstützen. Ausschlaggebend sind allein ihr Erleben und ihre Erfahrung. Das verlangt neben einer sehr sensiblen Wahrnehmung des dementen Menschen auch Kenntnisse über seine Biografie.

Unter Biografiearbeit in diesem Kontext versteht man eine kontinuierliche Aufmerksamkeit gegenüber der Geschichte alter Menschen mit ihrer Fülle von Erinnerungen und Lebenserfahrungen. Die ganze Lebensgeschichte eines Menschen wird sich Begleitenden nie völlig erschliessen. Selbst Angehörige, die lange mit dem kranken Menschen gelebt haben, haben kein umfassendes Bild seiner gesamten Geschichte, geschweige denn seiner spirituellen Erfahrungen. Biografiearbeit beinhaltet das geduldige Zusammentragen von Fragmenten, die sich nach und nach zu etwas Zusammenhängenden fügen. Ziel der Biografiearbeit ist es nicht, Menschen auf Vergangenes festzulegen. Was beispielsweise früher einmal geholfen hat, eine Krise zu überwinden, kann heute völlig unbedeutend sein. Der Wert der Biografiearbeit liegt woanders. Sie kann helfen, vorderhand unverständliches Verhalten, das ein dementer Mensch im Heute zeigt, zu interpretieren und verständnisvoller darauf einzugehen.

Herr O. wiederholt immer wieder dieselben Arm- und Handbewegungen. Er versucht, etwas, das vor ihm liegt, wegzuschieben. Betreuende finden heraus, dass er früher Bäcker war. Seine Bewegungen deuten darauf hin, dass er Brötchen in den Ofen schieben will. Fortan kann er in der Institution beim Backen helfen, was seine Zufriedenheit sichtlich verbessert.

Demente Menschen leben vor allem in der Gegenwart. Sie reagieren sehr sensibel auf alles, was im Moment an sie heran tritt. Für Menschen ohne Demenz hingegen sind Vergangenheit und Zukunft fast ständig präsent. Wir alle leben in Gedanken und Gefühlen selten ganz im Hier und Jetzt. Meist beschäftigt uns Vergangenes oder Zukünftiges, und wir sind nur zum Teil ganz präsent. In dieser Hinsicht können wir von Menschen mit Demenz lernen, wie eine Pflegende einmal sagte: «Demente Menschen haben mich gelehrt, ganz in der Gegenwart zu bleiben. Ich bin innerlich ruhiger geworden.» Mit Herrn K. beispielsweise für einen Moment den Sonnenuntergang zu betrachten und diese kurze Zeit der Ruhe und Musse im gewöhnlich hektischen Pflegealltag zu geniessen, ist für Betreuende ein kleines Geschenk.

Sich konsequent am Gegenüber zu orientieren bedeutet, offen zu sein für echte Begegnungen mit demenzkranken Menschen – was Gegenseitigkeit beinhaltet. Als Begleitende bin ich nicht nur die Gebende, ich bekomme auch viel geschenkt. «Wir denken viel zu selten über die Möglichkeit nach, dass diese Menschen uns etwas schenken können.»[7]

Die demente Frau U. ist eines Abends sehr unruhig; sie scheint Angst zu haben. Eine Pflegende betritt das Zimmer, kniet am Bett nieder und hält Frau U. ganz sanft. Die beiden schauen sich in die Augen, ohne etwas zu sagen. Hier begegnen sich zwei Menschen, und beide sind tief berührt. Frau U. beruhigt sich, die Pflegende verlässt das Zimmer mit Tränen in den Augen. Selbst als sie einige Tage später davon erzählt, werden ihre Augen bei der Erinnerung wieder feucht.

Spirituelle Begleitung – eine Aufgabe für alle Berufe

Spirituelle Begleitung leistet einen wesentlichen Beitrag zur Erhöhung der Lebensqualität der erkrankten Menschen. Sie

---

[7]   Interview mit Prof. Susan McFadden, in: Demenz. Support Stuttgart
        DeSS 2/07: S.54.

darf jedoch nicht mit zu hohen Erwartungen belastet werden. Nicht alles ist veränder- oder machbar. Spirituelle Begleitung zeichnet sich gerade auch dadurch aus, dass sie
Grenzen anerkennt und Leiden mit aushält, ohne deshalb zu
verzweifeln oder den dementen Menschen innerlich aufzu-
geben. Sie kann dies, weil sie darauf vertraut, dass jedes Leben mit allem Schönen, aber auch mit allen Schmerzen und
allem Leidvollen in eine umfassende Wirklichkeit eingebettet
ist, die menschliches Erkennen und Begreifen oftmals über-
steigt.

Angehörige und alle Professionen, die sich um hochbetagte Menschen kümmern, sind vermehrt konfrontiert mit dem Wunsch nach assistiertem Suizid und dem an zunehmender gesellschaftlicher Akzeptanz gewinnenden Altersbilanzsuizid. Eine Antwort auf diese Tendenz ist das verstärkte Engagement der Gesellschaft für Palliative Care – in Bezug auf die ganzheitliche Sorge um den unheilbar kranken und sterbenden Menschen.

Feinfühlig zeichnet die Seelsorgerin **Anne-Marie Müller** in ihren Beispielen die emotionale Herausforderung, die die zunehmende Präsenz des Suizids im Pflegezentrum darstellt und welche Möglichkeiten Palliative Care den Menschen eröffnet.

Pfarrerin **Elisabeth Jordi** zeigt in ihrem Artikel differenziert auf, was die Seelsorge zu Palliative Care beiträgt, und wie sie sich als Seelsorgerin der Evangelisch-reformierten Kirche zu den ethischen Herausforderungen rund um Suizid im Alter positioniert.

Dasein bis zuletzt

Leben

Frau K winkt mir zu. Sie strahlt, als ich zurückwinke. Die Pfle-gerin schiebt ihren Rollstuhl weiter, und ich biege um die nächs-te Ecke.

Frau K wollte ausdrücklich keine Seelsorge. Als sie Ende Sep-tember zu uns kam, war schon klar, dass sie nicht mehr leben wollte. Sie war bei der Sterbehilfe-Organisation eingetreten und hatte schon angefangen, ihren Tod ganz konkret vorzubereiten. Nichts würde sie davon abbringen! Zu sehr hatte sie unter der Demenz ihrer Mutter gelitten, damals. Zu deutlich hatte sie ge-sehen, wie unerbittlich der Verlust aller Fähigkeiten sein kann. Ihr Entschluss stand fest seit dem Moment, als auch bei ihr eine beginnende Demenz diagnostiziert worden war.
Die Vorabklärungen wurden durchgeführt, die Arztzeugnisse ausgestellt. Der Termin wurde festgesetzt, an dem Frau K aus dem Pflegezentrum austreten würde, um sich Zuhause in Beglei-tung zweier Betreuer das Leben zu nehmen: ein Dienstag. Im Pflegeteam wurde der Abschied vorbesprochen: Wie und wann sollten die Verwandten Adieu sagen? Wer würde beim Austritt anwesend sein?

Am Tag vor jenem Dienstag bat mich unser Arzt, doch noch das Gespräch mit Frau K zu suchen. Er habe den Eindruck, dass sie jetzt an ihrer Entscheidung zweifle. Ich solle doch mal hinhören. Ich erklärte Frau K, warum ich zu ihr komme. «Ja», sagte sie, sie sei wirklich unsicher. Das gehe jetzt auf einmal so schnell! Aber sie geniesse ihr Leben doch noch, sie lese gerne die Zei-tung, sie fühle sich wohl hier, sie habe Freude an Besuchen und Unternehmungen. Sie habe ja noch – sie suchte einen Moment nach dem Wort – Lebensqualität. Das gehe zu schnell!

«*Wir können ja die Bremse ziehen*», *sagte ich.* «*Möchten Sie das, dass wir den Termin morgen absagen, so dass Sie hier bleiben können?*»
«*Ja*», *entschied Frau K,* «*das will ich.*»

Seither winkt sie und strahlt.
Bald wird sie merklich schwächer.
Kurz nach Weihnachten stirbt sie in ihrem neuen Zimmer bei uns.

Heute

Frau G ist extra aufgestanden, um mich zur Tür zu begleiten. Als ich ihr zum Abschied die Hand reiche, fragt sie: «*Darf ich?*», *und umarmt mich fest.*

Heute Nachmittag um 17 Uhr wird Frau G sterben.
Dreimal hat die Sterbehilfe-Organisation aus organisatorischen Gründen den Termin verschoben, jetzt ist es so weit. Um halb vier wird Frau G von ihrer Tochter abgeholt und in ein Büro gebracht, wo sie die Medikamente trinken wird. Der Freund der Tochter kommt mit, damit diese nicht allein ist nach dem Tod von Frau G.
Die Beerdigung ist geplant, die Asche des verstorbenen Hundes von Frau G wird mit ihr beigesetzt werden.

Ich stehe etwas steif in der Umarmung. In meinem Kopf hallen die wortreichen Erklärungen von Frau G nach: wie die Schmerzen ja nur noch zunähmen, wie sie schon alles habe aufgeben müssen, was ihr Freude gemacht habe: das restaurierte Häuschen in der Provence, die Hunde, das Marathonlaufen, das sie so stolz gemacht hatte. Wie zwar das Geld noch eine Weile für

*ein Einzelzimmer bei uns reichen würde, aber dann – ein Mehr-
bettzimmer! Ohne eigene Toilette! Frau G schauderte. Immer
hilfloser werden, für alles Hilfe in Anspruch nehmen müssen.
Aber, meinte sie, wie um mich zu trösten, ihre Lebensträume
hätten sich ja erfüllt, auch einen tollen Mann habe sie für eine
Weile an ihrer Seite gehabt.*

*Wie eine Litanei wiederholte Frau G diese Erklärungen bei je-
dem meiner Besuche. Meine Fragen und meine Trauer gingen
darin ungehört unter.*

*Frau G hält mich ganz fest. Die Karte mit dem Segensvers, die
ich ihr heute gebracht habe, liegt zum Mitnehmen bereit. Sie
wolle sie dann ihrer Tochter zeigen.*

Um 17 Uhr wird Frau G sterben.

Sich gemeinsam sorgen an den Grenzen des Lebens

Elisabeth Jordi

Es ist mir vergönnt, seit über 25 Jahren als Spitalpfarrerin am Rand des Lebens, in der Geriatrie, tätig zu sein. Beauftragt von der reformierten Landeskirche arbeite ich zusammen mit weiteren reformierten und katholischen Kolleginnen und Kollegen beim schweizweit grössten Anbieter in der Langzeitpflege, den Pflegezentren der Stadt Zürich. In rund 1600 Betten werden jährlich mehr als 3300 Personen umfassend betreut, die meisten sind stark pflegebedürftig. Mögen gewisse Menschen sich noch freiwillig für das Leben in einem Alterszentrum entschliessen, ist der Gang in ein Pflegezentrum sowohl für den Bewohner als auch seine Angehörigen fast immer Ultima Ratio und meist mit einer vorübergehenden oder langandauernden Krise verbunden. Hinzu kommt, dass auf dem Hintergrund der stadtzürcherischen Bevölkerungsstruktur nicht ausschliesslich betagte Menschen in den Pflegezentren leben, sondern vermehrt auch jüngere Patienten (jeder 20. Bewohner ist unter 65 Jahre alt) mit psychiatrischen Krankheitsbildern, Verhaltensauffälligkeiten und neu auch mit verschiedenartigsten Suchtproblemen, die sie frühzeitig altern und sterben lassen. Viele von ihnen haben nur spärlich Bezugspersonen in geografischer Nähe, das soziale Netz ist häufig dünn und ihre Einsamkeit oft erschütternd. Die Kernkompetenzen der stadtzürcherischen Pflegezentren liegen auf den Gebieten Palliative Care, Demenz und Rehabilitation.

Palliative Care als Hausphilosophie

Wenn Menschen gefragt werden, wovor sie sich beim Gedanken an das eigene Sterben am meisten fürchteten, äussern
fast alle «die Angst vor Schmerzen» und «die Angst vor dem
Alleinsein». Diesen beiden Befürchtungen kann mit einer
kompetenten Palliative Care in den meisten Fällen gut ent-
gegengewirkt werden. Die Weltgesundheitsorganisation WHO
definiert:

> «Palliative Care ist ein Ansatz zur Verbesserung der Lebens-
> qualität von Patienten und deren Familien, die mit Problemen
> konfrontiert sind, die mit einer lebensbedrohlichen Erkrankung
> einhergehen: durch Vorbeugen und Lindern von Leiden, durch
> frühzeitiges Erkennen, untadelige Einschätzung und Behand-
> lung von Schmerzen sowie anderen belastenden Beschwerden
> körperlicher, psychosozialer und spiritueller Art.» [1]

In der Praxis geht es um das Wohlbefinden der Menschen.
Ziel ist es, dank guter medizinisch-pflegerischer Betreuung,
belastende Symptome wie Schmerzen, Übelkeit, Atemnot,
Angst, Ausscheidungsprobleme, um nur die wichtigsten zu
nennen, möglichst zu beseitigen oder auf ein erträgliches
Mass zu lindern. Der psychosozialen und spirituellen Unterstützung mittels Gesprächen, Besuchen, Begegnungen, Da-
Sein, Begleiten durch private Bezugspersonen, ehrenamtlich
Tätige und Fachkräfte kommt eine ebenso wichtige Bedeutung zu. Ein Blick zurück zeigt, dass Palliative Care sich zunächst in den sogenannten Hospizen entwickelte. Das sind
Häuser, in denen schwerstkranke Menschen gepflegt und
beim Sterben umfassend begleitet wurden. Das erste Hospiz
stand in London, weitere folgten im französischsprachigen

---

[1]   Definition nach WHO, abrufbar unter: http://www.who.int/cancer/
        palliative/definition/en/.

Raum Europas und in der Westschweiz, seit den 90er-Jahren wird Palliative Care als flächendeckende Hausphilosophie in den Pflegezentren der Stadt Zürich umgesetzt. Der Grundsatz, dass der Tod zum Leben gehört, Sterben und Trauer sein dürfen, wird im Alltag gelebt. Natürlich müssen Mitarbeitende, die in den Pflegezentren häufig sehr jung sind, vermehrt aus den verschiedensten Kulturen stammen und oft eine ganz unterschiedliche Einstellung zu Sterben, Tod und Trauer haben, für diese anspruchsvolle Aufgabe geschult werden. Interne Weiterbildungen nicht nur für Pflegende, sondern auch für Lernende, für Fach- und Hilfskräfte aller Funktionen (wie z. B. Hauswirtschaft, Verwaltung, Technischer Dienst) gehören zum festen Angebot der Pflegezentren. Vielerorts ist die Seelsorge dabei involviert. Das Gleiche gilt für Fallbesprechungen und die internen Ethikgruppen, denen gerade auch bei Fragestellungen rund um das Lebensende eine wichtige Bedeutung zukommt.

Die Seelsorge als Teil des «multiprofessionellen Teams»

Weil die konkrete Umsetzung von Palliative Care eine überaus komplexe Aufgabe ist, kann sie nur im Team, interdisziplinär geleistet werden. Wir reden deshalb vom «multiprofessionellen Team» und meinen damit, «dass mehrere Köpfe besser dran sind als einer»[2]. Zu diesem multiprofessionellen Team, das aus Pflege-, Arzt- und Sozialdienst, Mitarbeitenden der Küche und des Hausdienstes, Vertretern der thera-

---

[2] Porchet-Munro, Susan; Stolba, Verena; Waldmann, Eva: Den letzten Mantel mache ich selbst. Über Möglichkeiten und Grenzen von Palliative Care, Basel 2005.

peutischen Dienste wie Physio-, Ergo- und Beschäftigungs-
therapie besteht, gehört auch die Seelsorge mit ihren spezifischen Angeboten.

Schon das blosse Vorhandensein einer hausinternen
Seelsorge ist Ausdruck einer dem Menschen zugewandten
Haltung, des Interesses an jedem einzelnen und der Solidarität mit Menschen am Rand. Die Pflegezentrum-Seelsorge
drückt etwas vom Konzept einer «Kirche an den Bedrängnis-
orten» aus, und der Ansatz der «aufsuchenden Seelsorge»
schafft verschiedenste Möglichkeiten der Begegnung, des
Gesprächs und der Unterstützung von psychosozialen Pro-
zessen. Die Pflegezentren sind zwar relativ grosse Betriebe,
aber doch so überschaubar, dass der persönliche Kontakt
der Seelsorgerin, des Seelsorgers zu jedem einzelnen Menschen und seiner individuellen Situation möglich ist. Mit der
Heim-Seelsorge ist die Kirche sehr nahe bei den Menschen
und ermöglicht oft auch Kontakte mit Leuten, die der Institution Kirche fernstehen, schlechte Erfahrungen mit ihr mach-
ten oder sich vom Glauben abgewendet haben. Angehörige,
die häufig ebenso grossen Belastungen ausgesetzt sind wie
die Kranken selbst, zeigen sich dankbar für Unterstützung
und tragen die positiven Erfahrungen mit der Seelsorge nach
aussen. Im Blick auf Mitarbeiter-Teams, die mehrheitlich
einer jüngeren Generation angehören und multikulturell zu-
sammengesetzt sind, eröffnen sich immer wieder gute Möglichkeiten des Dialogs, der Grundlage für wachsende Tole-
ranz und Verständigung sein kann. Wichtig dabei ist eine
offene, vorurteilslose Einstellung der Seelsorgepersonen.
Die Angebote von Zeit haben, zuhören, da sein, mitgehen
werden meiner Erfahrung nach sehr geschätzt. Mitten im
Alltag, besonders aber in Krisen- und Grenzsituationen wie
beim Abschied, bei Sterben, Tod und Trauer, kann der tradi-

tionelle Schatz des christlichen Glaubens wie biblisches Gedankengut, Lieder, Abendmahlsfeier, Gebete, Rituale, Segnung oder hausinterne Abschiedsfeiern hilfreich sein.

Das anteilnehmende Begleiten in Palliativsituationen ist eine der vornehmsten Aufgaben der Seelsorge und ein höchst sinnvoller Dienst der Kirche: Gespräche über die Sinnfrage, das Nachdenken darüber, was in der noch verbleibenden Zeit wichtig ist, die Möglichkeit, Unerledigtes zu besprechen und in Ordnung zu bringen, die Chance sich unter Angehörigen ganz neu zu begegnen, vielleicht sogar Versöhnung zu erfahren, aber auch die Hilfe beim praktischen Regeln von letzten Dingen wie Patientenverfügung, Testament, Festhalten von Bestattungswünschen – all das gehört mit zur Aufgabe der Seelsorge in einem Palliative-Care-Team.

Dasein bis zuletzt

Persönlich habe ich in den vergangenen zwei Jahrzehnten mehr als 1500 Menschen sehr nahe auf dem letzten Wegstück begleiten können. Natürlich war ich nicht jedes Mal beim letzten Atemzug dabei, weil bekanntlich viele Menschen genau in dem Zeitpunkt sterben, wo sie allein sind, allein sein wollen oder müssen, weil der Übergang für sie etwas ganz Intimes ist, sie Ruhe benötigen oder sie der Umgebung den unmittelbaren Abschied ersparen wollen.

Den Weg zum Sterben hin aber habe ich oft miterleben können. Kein Abschiednehmen, kein Sterben war gleich, jeder Patient macht seinen ganz persönlichen Prozess durch. So ist man als Begleitperson immer wieder neu gefordert. Es gilt, sich wirklich einzulassen, möglichst engmaschig präsent zu sein, flexibel, zuweilen auch nachts: Und ich staune immer wieder, wie viel einem Menschen schenken, wenn man mit der nötigen Zeit, mit Achtsamkeit, Offenheit und der Haltung echten Interesses und innerer Anteilnahme da ist. Dann lassen Menschen einen an ihrem Lebensrückblick teilhaben, an hellen und dunklen Erfahrungen, aber auch an Erlebnissen, die sie prägten und die sie jetzt am Ende des Lebens irgendwie durchtragen: Innere Bilder, der persönliche Glaube, Träume, Symbole, Nahtoderlebnisse.

Mitunter sind Sterbeprozesse auch langandauernd. Manches muss unverstanden durchgetragen werden. Wie beschwerlich oder zäh das für den Kranken ist, ist von aussen letztlich nur schwierig abzuschätzen. Doch für die Begleitenden, besonders für Angehörige sind solche Zeiten höchst anspruchsvoll und können die Kräfte manchmal erschöpfen. Hier ist Unterstützung durch Fachleute, speziell auch die Seelsorge gefragt.

Dabei- und mit neuen Erfahrungen zurückbleiben

Sehr oft geht es in der allerletzten Phase des Sterbens darum, die Ohnmacht mit auszuhalten, was paradoxerweise oft als die grösste Hilfe erlebt wird. Gerade in dieser Hinsicht leisten ehrenamtlich Tätige und Beauftragte für Sitzwachen und Nachtbegleitungen einen nicht hoch genug zu schätzenden Dienst. Wer immer sich in Palliativ-Situationen engagiert, ist dort präsent, wo es unspektakulär ist: am Rand, dort, wo viele gerne wegschauen. Wer aber hinschaut, hingeht und dabei bleibt, erfährt sich häufig als der Beschenkte und stösst auf Werte wie Empathie, Entschleunigung, Hingabe, Gelassenheit, Annehmen und Geschehen-lassen-Können. Vielleicht erahnt er in diesen schmerzlichen Momenten und anspruchsvollen Erfahrungen auch etwas vom christlichen Paradox, dass gerade in der Niederlage mitunter der

grösste Sieg liegt und in der Schwachheit viel Kraft. Etwas
von dieser Einsicht und Haltung in den eigenen Alltag mit hi-
neinzunehmen und in die Umgebung tragen zu können, löst
mitunter viel aus, speziell in einer Gesellschaft, die sich zunehmend an Leistung, Wohlbefinden, Tempo und Gewinnma-
ximierung orientiert.

Sterbende sind für mich in vielem zu wichtigen Lehrern
geworden. Die Übungsfelder heissen: sich Rechenschaft geben, was wirklich wichtig ist und erkennen, dass es nicht so
sehr die äusseren Dekorationen sind. Es geht aber auch darum, Prioritäten zu setzen oder das Loslassen zu üben. Sterbende machen mir stets neu bewusst, wie sehr die Begleitung am Lebensende nur in der Haltung des Respekts erfolgen
kann, oft im Schweigen und letztlich dem Wissen, dass die
Grenzen des Daseins, der letzte Übergang tiefe Geheimnisse
sind.

Die Zulassung von Sterbehilfeorganisationen – Rechtliche Aspekte

Seit dem 1. Januar 2001 sind Sterbehilfeorganisationen (in
der Praxis sind es «Exit» und «Dignitas») in den Alters- und
Pflegezentren der Stadt Zürich offiziell zugelassen.[3] Dem
Entscheid des Stadtrates ging ein langer, kontroverser Dialog voraus. Die Hauptargumente waren das Selbstbestimmungsrecht und die Tatsache, dass Bewohnerinnen und Bewohner von Alters- und Pflegezentren in der Regel nicht
mehr über eine eigene Wohnung verfügen und ihnen der so
spezielle Schritt des assistierten Suizids in ihrer vertrauten
Umgebung ermöglicht werden sollte. Die Stadt Zürich war in
jenem Augenblick stark im Fokus anderer Gemeinden und

---

[3]   Stadtratsbeschluss vom 25.10.2000.

Kantone, in denen die Zulassung von Sterbehilfeorganisationen ebenfalls diskutiert wurde, jedoch noch keine gesetzlichen Regelungen getroffen worden waren.

Kritische Stimmen befürchteten einen Dammbruch. Die Verantwortlichen dieses Entscheids versprachen eine sorgfältige Dokumentation und die laufende Analyse der Fälle. Auch wurden die zwingenden Voraussetzungen wie die Urteilsfähigkeit des Patienten und das Vorhandensein eines unheilbaren körperlichen Leidens rechtlich definiert. Die beiden flankierenden Massnahmen beim Personal, nämlich «die Meldepflicht» und «das Mitwirkungsverbot» wurden im Entscheid verankert. Die «Meldepflicht» bedeutet, dass ein Mitarbeiter, der erfährt, dass jemand mit Hilfe einer Organisation wie «Exit» oder «Dignitas» sein Leben beenden will, verpflichtet ist, dies der Betriebsleitung zu melden. Sie sucht das Gespräch mit dem Suizidwilligen, in der Regel zusammen mit Arzt- und Pflegedienst. Das «Mitwirkungsverbot» untersagt Mitarbeitenden der Alters- und Pflegezentren, bei einem assistierten Suizid behilflich zu sein. Der Bewohner muss alles selbst in die Wege leiten und die Sterbehilfeorganisation ist für die gesamte Durchführung verantwortlich. Dazu gehört auch das Aufgebot von Polizei und Staatsanwaltschaft nach Eintritt des Todes. Seither sind 16 Personen mit Hilfe von «Exit» oder «Dignitas» aus dem Leben geschieden. Dass es nicht mehr Fälle sind, hängt zum einen damit zusammen, dass ein Grossteil der Bewohnerinnen und Bewohner in den Pflegezentren der Stadt Zürich an einer demenziellen Erkrankung leidet und als nicht urteilsfähig gilt. Zum andern wurden auf dem Gebiet der Palliative Care wichtige Fortschritte erzielt. Das trägt entscheidend dazu bei, dass Schwerkranke den Weg des natürlichen Sterbeprozesses gehen, ein Wunsch, der meiner Erfahrung nach im Tiefsten der Grundhaltung der meisten Menschen entspricht. Zuweilen entscheiden sich Menschen auch für das sogenannte

«terminale Fasten», indem sie zu essen und zu trinken auf-
hören: ein langsames sich Herauslösen aus dem Leben, das
aber immer noch die Möglichkeit der Sinnesänderung bietet,
im Gegensatz zum assistierten Suizid, der den Tod abrupt
herbeiführt.

Assistierter Suizid – Erfahrungen in der Praxis

So sehr ich auch als Theologin für Menschen Verständnis
habe, die den Weg des assistierten Suizids wählen, weil ihre
Schmerzen und Leiden trotz aller Bemühungen nicht auf ein
für sie erträgliches Mass gelindert werden konnten und auch
im Wissen, dass diese Möglichkeit im Einzelfall gnädiger ist,
als dass sich jemand in einer für ihn unerträglichen Situation
unter einen Zug oder aus dem Fenster stürzt, ist die Proble-
matik dieser Todesart nicht zu unterschätzen: Sie ist ein
schneller, irreversibler Weg und selbst wenn Sterbehilfeorganisationen bei der Abklärung und Durchführung an Sorgfalt gewonnen haben, bleibt die Frage offen, ob der Entscheid
bis zum Letzten gereift ist. Weiter bleiben Angehörige, die im
Blick auf einen Sterbefall ohnehin schon oft Schuldgefühle
haben und den subjektiven Eindruck meist nie ganz loswer-
den, nicht genug für den Patienten getan zu haben, meiner
Beobachtung nach im Anschluss an einen Suizid immer in
einer emotional belasteten Verfassung oder mit Selbstvor-
würfen zurück. Auch beim Betreuungs- und Pflegepersonal
stellen sich Gefühle von Versagen ein, und die Frage ist im
Raum, ob sie vielleicht doch nicht alles Nötige für den
Patienten getan haben. Auch das Setting des Kollektivhaus-
halts in einem Alters- oder Pflegezentrum ist nicht zu unterschätzen, löst doch der assistierte Suizid verschiedenste
Fragen und Gefühle bei den Mitbewohnenden aus. Seit der

Zulassung von Sterbehilfeorganisationen in den Pflegezentren – ich kann nur aus dem Blickwinkel dieser Erfahrungen berichten – wurden deshalb flankierende Massnahmen
getroffen: Die Unterstützung für Mitarbeitende mittels Be-
gleitungen und Gesprächen von Seiten der Vorgesetzten, den
internen Care-Teams, der psychologischen Beratung und
der Seelsorge ist ganz wichtig, und auch die Mitbewohnenden werden – wo es nötig und gewünscht wird – adäquat begleitet. Dem Aspekt, dass sie in einen Zugzwang geraten
könnten, ist besondere Beachtung zu schenken.

Eine gesellschaftlich nochmals neue Frage: Altersbilanzsuizid

Aktuell ist die Diskussion über den Altersbilanzsuizid im
Gange. Argumentiert wird in erster Linie mit dem Freiheits-
begriff und dem Selbstbestimmungsrecht, wobei die Frage
bleibt, wie autonom und selbstbestimmt der Mensch letztlich
ist. Müsste nicht vielmehr von einer Teilautonomie gesprochen werden? Bei allem Verständnis für einzelne Notsitua-
tionen, ist der allgemeine Trend, dass der Altersbilanzsuizid
immer mehr an gesellschaftlicher Akzeptanz und Selbstver-
ständlichkeit gewinnt, meines Erachtens sehr fragwürdig
und des Fragens würdig. Der Aspekt der Unverfügbarkeit
des Lebens oder die Überzeugung, dass dem Menschen eine
Würde – unabhängig von Leistung, Gesundheit, Funktionie-
ren und Kosten verursachenden Faktoren – zusteht, muss in
der aktuellen Diskussion stärker berücksichtigt werden.
Auch Aspekte wie Kostenexplosion im Gesundheitswesen,
Besitzansprüche von Angehörigen und die Selbsteinschätzung von Betagten, dass sie sich der Gesellschaft zuliebe
besser aus dieser Welt zu verabschieden hätten, sind Reali-

täten, die mir in Seelsorgegesprächen oft begegnen. Das zunehmende Machbarkeitsdenken und der Anspruch, über alles verfügen zu können, sind problematisch. Statt über Entsorgungsmodelle nachzudenken, wäre es angebrachter, über Solidarität, gegenseitige Verantwortung, gute Lebensbedingungen für Betagte und das Gewinnen von Menschen für helfende Berufe nachzudenken. Auch die Anerkennung für das, was im Langzeitbereich gerade von jungen Menschen und von Menschen aus anderen Kulturen geleistet wird, muss vermehrt thematisiert und wertgeschätzt werden. Und zu guter Letzt: Meiner langjährigen Erfahrung nach ist die Abgründigkeit eines Selbstmordes nie zu unterschätzen und die Aussage des bedeutenden Arztes und Seelenforschers C. G. Jung bedenkenswert:

«Die Idee des Selbstmordes, so menschlich begreiflich sie auch ist, erscheint mir nicht als empfehlenswert. Wir leben, um ein möglichst grosses Mass an geistiger Entwicklung und Bewusstwerdung zu erreichen. Solange das Leben irgendwie auch nur im geringsten Masse möglich ist (oder in geringstem Masse einen Sinn erkennen lässt) – solange sollte man am Leben festhalten, um es zum Zweck der Bewusstwerdung auszuschöpfen. Vor der Zeit das Leben unterbrechen heisst ein Experiment zum Stillstand bringen, das wir nicht angelegt haben. Wir haben uns darin vorgefunden und müssen es bis zum Äussersten durchführen.»[4]

---

[4]   Von Franz, Marie-Louise; Frey-Rohn, Liliane; Jaffé, Aniela: Im Umkreis des Todes, Zürich 1984.

Perspektiven und künftige Herausforderungen

Palliative *Medizin* hat ihren besonderen Platz im Akutspital, Palliative *Care* jedoch – im Sinne eines umfassenden Begleitens bis zuletzt – hat ihren Ort vor allem in den Langzeitpflegeinstitutionen als Grundversorger.

Zusätzlich zum Engagement in Palliative Care werden sich die Langzeitpflegeeinrichtungen besonders im städtischen Umfeld zunehmend zu «Spitälern light» und Kompetenzzentren für Menschen mit Demenzerkrankungen entwickeln. Letzteres wird mittelfristig eine der grossen gesellschaftlichen Herausforderungen sein bezüglich Solidarität, Bereitstellung von personellen Ressourcen und Finanzierungsmodellen.

In all diesen Aufgaben hat die Seelsorge einen wichtigen Stellenwert, sei es mit ihren konkreten Angeboten, sei es als wache Begleiterin, mitunter auch kritische Stimme, wenn es um Solidarität, Menschenwürde, Umgang mit Hochaltrigkeit und Gebrechlichkeit geht.

Eine weitere Chance der kirchlichen Spezialseelsorge in Langzeiteinrichtungen und natürlich auch in Spitälern liegt darin, dass sie sich in den letzten 20 Jahren von der Kranken- zur Krankenhausseelsorge entwickelte und sie so nicht nur den einzelnen Patienten, sondern auch sein Umfeld – Angehörige, Mitarbeitende, Ehrenamtliche – sowie die Entwicklungen im Gesundheitswesen im Blick hat.[5] Kurt Meier, langjähriger Direktor der Pflegezentren der Stadt Zürich sagt in einem Statement für dieses Buch:

> «‹Den Jahren Leben geben› steht zuoberst in unserem Leitbild, das verpflichtet. Die hervorragende Seelsorge, die ich beruflich

---

5   Heimendahl, Anne; Buyer, Reinhard: Von der Patienten- zur Mitarbeiter- zur Krankenhausseelsorge, in: Wege zum Menschen, Jg. 64, 2012, S. 583–587.

seit über 30 Jahren in unseren Pflegezentren miterlebe, ist eine Aufgabe, die zur Erreichung unseres Zieles unentbehrlich ist. Die uns anvertrauten Menschen leben hier, der Aufenthaltsort ist ihre Gemeinde in der letzten Lebensphase. Gerade in dieser schweren Zeit hat die Seelsorge eine wichtige und zentrale Aufgabe für die betroffenen Menschen, die Angehörigen und alle, die sich um das Wohl dieser Menschen kümmern. Die Seelsorge hilft im wesentlichen Masse mit, Ängste abzubauen und Vertrauen und Trost für das Jetzt und die Zukunft zu geben, manchmal still als Zuhörer, manchmal aktiv und als Teil des multiprofessionellen Teams in einer neutralen Unabhängigkeit zum Pflegezentrum.»

Der Wert eines Gemeinwesens entscheidet sich bekanntlich daran, was es für die Schwächsten leistet. Es braucht ein Umdenken der Gesellschaft gegenüber Älteren, Kranken und Sterbenden. Auch die Kirchen haben in Geschichte und Gegenwart bei leidenden Menschen und bei Menschen am Rand einen bleibenden, zentralen Auftrag. Hier gilt es, auch künftig glaubwürdig zu sein und Zeit, Sorgfalt, fachliches Know-how, finanzielle und personelle Ressourcen zur Verfügung zu stellen.

Seelsorge bei hochbetagten und fragilen Menschen ist eine Seelsorge, die das Leben von den Rändern her zu begreifen versucht und gerade so oft zu den zentralsten Fragen des Lebens und des Menschseins vorstösst.

Seelsorge mit hochbetagten Männern gestaltet sich anders als mit Frauen. Die Geschichten der Seelsorgerin **Anne-Marie Müller**
mit den Herren im Pflegeheim nehmen uns
hinein in Begegnungen mit Männern, die ihre
Rollenbilder in den 1920er und 30er Jahren
geformt haben und dementsprechend auf die
Frau Pfarrerin ansprechen.

Christoph Morgenthaler spürt in seinem
Beitrag den Eckpunkten der Seelsorge mit
hochbetagten Männern nach. Das Gespräch
ist brüchiger, meint er, ein Abtasten der ver-
träglichen Nähe. Die eigenen Rollenbilder zwischen den Geschlechtern müssen die Seelsorgenden zugunsten des Einfühlens in die
Lebensgeschichten der Männer zurückstellen.

Hochbetagte
Männer begleiten

Katholisch oder reformiert

Ich finde Herrn R in der hinteren Stube, wo er mit seinen Mitbewohnern und Mitbewohnerinnen in einer grossen Runde sitzt. Er möchte, dass ich mich neben ihn setze und dort ein wenig mit ihm plaudere. Verständlich, denn aufstehen und in einen anderen Raum gehen ist sehr beschwerlich für Herrn R, der an starkem Asthma leidet.

Kaum haben wir unser Gespräch angefangen, mischt sich ein Mann gegenüber im Kreis ein: ob ich katholisch oder reformiert sei? Meine Antwort gibt ihm Anlass, ein Referat über die Ökumene zu halten, über den Papst, über Rom und Religion überhaupt.

Wir anderen hören höflich zu, ich steuere hin und wieder einen Kommentar bei. Aber eigentlich ist meine Aufmerksamkeit bei Herrn R, ich möchte wissen, wie es ihm geht. Unaufhörlich geht jedoch der Redestrom von gegenüber weiter.

Auf einmal neigt sich Herr R zu mir und raunt: «Ob reformiert oder katholisch – jedenfalls sind Sie eine schöne Frau!»

Händedruck

Wir haben das Heu nicht auf der gleichen Bühne, der alte Zimmermann L und ich. Das wird bei der ersten Begegnung bald deutlich.

Seine Tochter hat mich gebeten, ab und zu bei Herrn L hereinzuschauen, und sie ist es, die mir ein paar Informationen gibt: wie er sein Leben lang im selben Dorf gelebt und gearbeitet habe, viel, viel gearbeitet. Wie glücklich er darüber sei, dass nun der Sohn den Betrieb übernommen habe. Seine Frau sei schon lange verstorben.

Mein erster Besuch verläuft schwierig. Herr L ist stark schwerhörig und spricht selbst sehr undeutlich. Das hat zur Folge, dass

*wir beide dauernd nachfragen müssen und uns sehr laut unter-
halten. Er gibt nicht viel Preis von sich, äussert sich aber abfäl-
lig über Strafgefangene und Politiker. Es ist schwierig, eine Diskussion darüber zu führen. Herrn L scheint es Spass zu machen,
mich ein wenig zu provozieren, aber sobald ich reagiere, weicht
er aus. Ich verabschiede mich bald.*

*Beim nächsten Mal vermeide ich solche Themen, frage nach sei-
nem Befinden, nach seiner Familie, nach seiner Arbeit. Foto-
grafien von mächtigen Maschinen und Baumstämmen hängen
über seinem Bett. Aber die Antworten sind einsilbig. Wieder will
ich mich schnell verabschieden; unser stockendes Gespräch in
voller Lautstärke hat mich verlegen gemacht. Ganz erstaunt
blickt Herr L mich an: «Gehen Sie schon wieder?»*

*Von da an nehme ich mir Zeit. Ich merke, dass er glücklich ist,
Gesellschaft zu haben. Er begrüsst mich mit breitem Lächeln
und führt genau Buch darüber, wie oft ich komme. «Jetzt waren
Sie schon lange nicht mehr da», sagt er manchmal, halb vor-
wurfsvoll, halb schelmisch. Reden tun wir nur wenig. Aber immer bietet er mir etwas an: ein paar Früchte, ein Glas Wasser.
Herr L wird immer schwächer. Sein gedrungener, muskulöser
Körper wird fast durchsichtig. Die Arme sind ganz dünn. Nur
die Hände, knorrig und breit, zeugen noch von der vielen Arbeit
und von seiner grossen Kraft.*

*Als ich bei einem weiteren Besuch eintrete, ist sein Bett zum ers-
ten Mal von der Wand weggerückt. Ein schlechtes Zeichen: offenbar brauchen die Pflegerinnen jetzt den Zugang von beiden
Seiten, um ihn zu pflegen. Herr L wirkt sehr müde. Ich setze
mich auf einen Stuhl an sein Bett. Aufmerksam mustert er mich,
aber die Augen fallen ihm fast zu. «Sie dürfen die Augen schon
zumachen», sage ich. «Ich bleibe auch da, wenn Sie sich ausruhen.» Herr L greift nach meiner Hand und schliesst die Augen.*

Ganz fest hält er meine Hand, die in seiner verschwindet. Bald schläft er ein, aber seine Hand spielt immer noch mit meiner, als wolle er sich meiner Gegenwart versichern. Ab und zu öffnet er halb die Augen: «Es ist schön, dass Sie da sind», murmelt er. «Das ist schon noch lieb, dass Sie zu mir kommen.»

Lange verharren wir so. Ab und zu sage ich ein paar Worte, gar nicht so laut, aber ich sehe, dass Herr L mich versteht. «Sie sind nicht allein», sage ich. «Sie sind nicht verloren.» Er bewegt sich unruhig, murmelt etwas, für mich klingt es zweifelnd. «Machen Sie sich Sorgen?», frage ich.

Herr L nickt. «Man weiss nicht, was dann ist», sagt er.

«Ja», bestätige ich, «das wissen wir nicht, wie das wird, wenn wir sterben.» Er nickt wieder, schaut mich intensiv an.

«Aber ich glaube nicht, dass wir uns Sorgen machen müssen», fahre ich fort. «Ich glaube, dass wir geborgen sein werden. Gott versteht uns, er weiss, wie unser Leben ist.»

Herr L schliesst wieder die Augen. Nach einer Weile wage ich es, halblaut ein Gebet zu sprechen. Seine Hand drückt immer noch meine.

Nach langer Zeit stehe ich auf, um mich zu verabschieden. Herr L schaut mich an, führt meine Hand zu seinem Gesicht und küsst sie. «Danke», sagt er. «Du kommst wieder, gäu?»

Hiob

Herr A sieht mich prüfend an. Sein gütiges, breites Gesicht ist ruhig, aber die Augen sind ernst.

Er hat mich freundlich begrüsst und genickt, als ich mich vorstellte. Das ist auch schon fast die einzige Bewegung, die Herr A noch ausführen kann: nicken, den Kopf drehen. An guten Tagen gelingt es ihm auch, mit zwei Fingern die Klingel auf seinem

*Schoss zu betätigen. An schlechten Tagen muss er warten, bis
jemand nach ihm schaut, denn zum Rufen fehlt ihm der Atem.
Eine nicht schlüssig diagnostizierte Nervenkrankheit hat ihm
über die letzten Monate eine Fähigkeit nach der anderen ge-
raubt. Dazu zunehmende Schmerzen: weil sich alles verkrampft
in der Bewegungslosigkeit, weil der Katheter regelmässig ver-
stopft, weil Wunden entstehen.
Wir haben ein wenig geplaudert bis jetzt. Woher er kommt, seit
wann er bei uns ist, dass er ein nigelnagelneues Enkelkind hat,
Isabelle, die Freude der ganzen Familie. Und wie seine Frau
jetzt schwer krank geworden ist, Krebs. Auch deshalb ist es ihr
nicht mehr möglich, ihn selbst zu pflegen. Aber vielleicht kommen an Weihnachten ihre Verwandten aus Spanien und helfen,
dann kann Herr A Zuhause feiern.*

*Und jetzt dieser prüfende Blick. Ich spüre die Schwere in mei-
nem Bauch, als ahnte ich, was kommt:* «Der da oben, dieser
Gott – das ist kein guter Gott», *sagt Herr A. Ich schweige.* «Wie
der mich stückchenweise verrecken lässt ...», *fährt er fort und
verstummt, als sei er selber über seine Wortwahl erschrocken.*
«Ja», *sage ich jetzt,* «das ist nicht ein guter Gott, das ist gemein,
was Ihnen da geschieht». «Das ist gemein!» *wiederholt Herr A,*
«und wenn ich dem begegne, dann reisse ich ihm die Eingeweide heraus!»
Der Satz scheint um uns herum zu widerhallen.
Wir schweigen.
«Mich macht das auch wütend», *sage ich dann,* «und ich verstehe es nicht, dass jemand so Furchtbares erleben muss wie Sie.
Ich denke immer, dass Gott mir dann mal einiges erklären muss.»
*Herr A nickt. Er bittet mich, seine Hand anders hinzulegen und
atmet auf, als sie sich entspannt.*

Als er wieder spricht, ist seine Stimme ganz weich, er erzählt, dass seine Frau wohl gegen Abend zu Besuch kommt, weil sie heute keine Therapie hat. Und die Tochter bringt am Wochenende Isabelle her.

Ich verabschiede mich.

Voll Wut.

Voll Liebe.

Beten

Auf dem Nachttisch steht das Bild seiner Frau. Eine schöne, klar blickende Frau mit dunklem Haar, der man ansieht, dass sie viel gearbeitet hat. Nach fast 50 Jahren Ehe ist sie vor einem Jahr gestorben. Sie war eine gute Frau. Vier Kinder hat sie geboren, in vier Jahren! Das waren hektische und schöne Jahre.

Ob Herr V auch ohne seine Frau ein guter Mann ist, ist ihm zweifelhaft. In den ersten Wochen bei uns hat er schwere Träume gehabt, ist dem Teufel begegnet und hat sich dann gefragt, ob dies eine Vorhersage war, ob ihm die Hölle bestimmt sei.

Dann kam der Geburtstag, der achtzigste. Ein grosses Fest, zu dem die ganze grosse Familie erschien. Die Fotos quellen über von Leben. Seither geht es Herrn V viel besser, es ist wie ein Wunder. Er kann wieder gehen, läuft jeden Tag eine gute Stunde seine Runde draussen, fühlt sich zuversichtlicher und stärker.

Jeden Tag, morgens eine Stunde und abends bis zum Einschlafen, betet er: das Ave Maria und das Vaterunser. Er gesteht dies verlegen, als sei es zum Schämen, so viele Gebete nötig zu haben. Etwas zögernd schlage ich vor, auch einmal gemeinsam zu beten. Das erschreckt ihn. Aber er will doch mehr wissen: wie ich das dann machen würde?

«Das Ave Maria kenne ich nicht so gut», erkläre ich, «aber ich würde Gott in eigenen Worten um Begleitung für Sie und Ihre Familie bitten. Und dann könnten wir ja gemeinsam das Unservater beten.»

Herr V überlegt. Dann entscheidet er: «Nächstes Mal, wenn Sie kommen, dann beten wir zusammen!»

Am vereinbarten Termin ist er aber nicht in seinem Zimmer. Als er mich am nächsten Tag in der Cafeteria sieht, steht er eigens auf, um sich zu entschuldigen. Er hätte gemeint, ich käme am Nachmittag. Wir belassen es dabei.

Über meinen nächsten Besuch freut er sich offensichtlich und wiederholt, wie sehr er das Gespräch mit mir schätzt. Wie auf Verabredung vermeiden wir das Thema Gebet.

Die Osterzeit kommt. Ich lade auf allen Abteilungen zu Abendmahlsfeiern ein. In der Cafeteria ist davon die Rede. «Morgen gehe ich zum Abendmahl», verkündet Herr V. Und mit einem Blick zu mir: «Da beten wir zusammen!»

So geschieht es. Wir feiern Abendmahl. Nach dem Unservater und dem Segen ist es einen Moment still.

«Jetzt ist es mir wohl», sagt Herr V.

Mir auch, merke ich.

Tod

Jetzt ist Herr F einfach gestorben.

Er ist einfach gestorben.

Ich wollte doch mit seiner Bezugsperson reden über Möglichkeiten, mit ihm besser in Kontakt zu kommen. Ich wollte doch ausprobieren, was mir eine befreundete Kunsttherapeutin empfohlen hatte: mit ihm zusammen ein Bild zeichnen. Ich wollte doch ...

Aber Herr F ist gestorben.

Gehörlos geboren, war er irgendwie durch alle Netze hindurch gefallen. Das Schulheim verliess er aus nicht überlieferten Gründen sehr bald wieder. So lebte er daheim, ohne jede Ausbildung, bis die Eltern starben. Herr F konnte nicht hören, nicht sprechen, nicht lesen, er hatte keine Zeichensprache gelernt und auch nicht Lippenlesen. Der Kontakt zu seinem Cousin brach vor Jahren ab.

An seinem 83. Geburtstag vor zwei Wochen besuchte ich ihn. Er sass im Rollstuhl vor einem Stück Geburtstagskuchen, das er unendlich sorgfältig ass. Er freute sich, mich zu sehen, sein Lächeln war einladend und liebevoll. Meine Karte schaute er höflich an, und ich schämte mich, weil ich so viel geschrieben hatte, das er nicht lesen konnte und das er nicht hätte hören können, wenn ich es vorgelesen hätte.

Hilflos sass ich neben ihm und schaute ihm beim Essen zu.

Unsere Begegnungen hatten sich bis dahin begrenzt auf die Gottesdienste, an denen er regelmässig teilnahm. Erst jetzt fiel mir ein, mich zu fragen, weshalb er wohl kam, wenn er ja nichts hörte. Aber immer war er da, aufmerksam, lächelnd. Und wenn wir uns im Gang begegneten, strahlte er und nickte.

Jetzt ist Herr F einfach gestorben.
Und mir ist, als hätte ich eine ganze Welt verloren.

Seelsorge mit Männern im vierten Lebensalter

Eindrücke, Beobachtungen und Vermutungen

Christoph Morgenthaler

Einige der Geschichten von Anne-Marie Müller aus der Seelsorge im Pflegezentrum erzählen von Begegnungen mit Männern. Sie berühren mich. Sie wecken auch mein fachliches Interesse: Wie geben sich Männer in der Seelsorge und was kann ihnen Seelsorge bringen? Zumindest eines bin ich mir sicher: Diese Männer würden sich einen weiteren Besuch der Seelsorgerin gerne gefallen lassen. Würde man sie allerdings direkt danach fragen, was ihnen ein solcher Besuch bringt, kämen sie wohl in Verlegenheit und würden möglicherweise nur kurz etwas murmeln, wenn überhaupt.

So notiere ich hier stellvertretend für sie einige Eindrücke und Vermutungen. Alte Männer in der Seelsorge gehören zur Gattung «Das unbekannte Wesen». Zu lesen gibt es zu diesem Thema fast nichts.[1] So sind dies Annäherungen an eine offene Frage. Sie stammen von einem Mann, den man der Gruppe der «älteren» Männer zuordnen kann. In zwölf Jahren werde ich, statistisch gesehen, ins vierte Lebensalter rutschen, werde 80-jährig, werde ein alter, vielleicht später – soll ich dies wünschen oder fürchten? – ein steinalter Mann. Ja, wie wird es dann sein? Wenn ich denn überhaupt so lange lebe.

---

[1] Vgl. aber: Reitinger, Elisabeth; Beyer, Sigrid (Hg.): Geschlechtersensible Hospiz- und Palliativkultur in der Altenhilfe, Frankfurt a. M. 2010.

«Happy survivors»

Es ist ja gar nicht so selbstverständlich, dass es zu Seelsorgebegegnungen mit Männern im vierten Lebensalter kommt.[2]
Diese Männer sind Überlebende. Sie gehören den rund
4 Prozent der schweizerischen Wohnbevölkerung an, die heute
älter als 80 Jahre werden – also ihr Leben und auch die
gefährliche Zeit nach dem siebzigsten Geburtstag als
«happy survivors» überlebt haben. Dass sie noch da sind, ist
nicht nur Schicksal. Wahrscheinlich waren sie auch gesund-
heitsbewusster und vorsichtiger als ihre Altersgenossen und
hatten lange eine Frau, die gut zu ihnen schaute. Es stehen
ihnen noch einige Jahre bevor, wenn sie heute 80-jährig sind,
durchschnittlich noch 8,4 Jahre, das ist weniger als den
Frauen, aber immerhin – und was über 80 Jahre ist, ist nicht
nur «Mühsal und Trug» (Psalm 90,10). Im Gegenteil: Mit der
grösseren Lebenserwartung hat sich in den letzten Jahrzehnten auch die Gesundheit verbessert. Die Zeit mit schweren Beeinträchtigungen und Pflegebedürftigkeit verkürzte
sich. Männer haben von dieser Entwicklung mehr profitiert.
Sie haben im Schnitt zwei Jahre und fünf Monate behinde-
rungsfreies Leben hinzugewonnen (die Frauen ein Jahr und
fünf Monate).

Mehr als die Hälfte der Frauen und Männer über achtzig
Jahren lebt noch im eigenen Zuhause. Männer wohnen gar
bis an ihr Lebensende am häufigsten in einem Privathaus-
halt. Das heisst: Männer und Frauen im Pflegeheim sind eine
Minderheit, und Männer im Pflegeheim sind eigentlich eine
Minderheit einer Minderheit. Sie werden von Frauen gepflegt, aufgenommen, gesäubert, ernährt, beseelsorgt. Und

---

[2]   Vgl. zu den statistischen Daten und Informationen im folgenden Ab-
        schnitt: Bundesamt für Statistik (BFS) (Hg.): Alter und Generationen.
        Das Leben in der Schweiz ab 50 Jahren, Neuchâtel 2005.

sie haben eine grosse Mehrheit gleichaltriger oder noch viel älterer Frauen um sich, am Tisch, im Aufenthaltsraum, im Garten. Dies hängt damit zusammen, dass Frauen älter werden als Männer, dass sie häufiger alleinstehend sind (also ihren Mann verloren haben, deshalb von dieser Seite keine Unterstützung mehr erhielten und in ein Heim übertreten mussten) und Frauen der Generationen vor 1925 auch schlechter ausgebildet sind und als Folge davon weniger Geld haben, um sich ein Verbleiben in den eigenen vier Wänden zu finanzieren.

Männer im Pflegezentrum haben häufig einen sehr schwierigen Entscheid hinter sich: Sie mussten ihr eigenes Zuhause aufgeben und sich ins Leben, in die Abläufe und die Zwangsgemeinschaft des Heims einfügen. Immer noch haftet an diesem Übertritt das Stigma des Scheiterns, das für Männer besonders schwer zu akzeptieren ist, sind sie doch mit ihrer Männlichkeit an Grenzen gekommen und laufen Gefahr, zu verlieren, was ihnen so wichtig ist: ihre Autonomie. Sie werden zuerst noch herausfinden müssen, dass das Leben im Heim besser ist als sein Ruf und ihre Angehörigen sie nicht im Stich lassen, auch wenn ihr Verhältnis zu den Kindern zeitlebens etwas distanziert gewesen war. Es bleibt ihnen dazu nur wenig Zeit. Im Schnitt ein Jahr.

Individualisten in einem «Kollektivhaushalt»

Es sind sehr unterschiedliche Männer, die wir in den Geschichten der Seelsorgerin kennenlernen, unterschiedlich bezüglich Gesundheitszustand, der Art und Weise, wie sie sich geben, auf die Seelsorgerin zukommen, ihr ein Kompliment machen, sich abschotten, sich aufregen, sich allmählich öffnen. Jeder dieser Männer ist ein Einzelfall, ein Original. Das ist ein auch gerontologisch erforschtes Phänomen:

Lebensstile unterscheiden sich im Alter immer stärker.[3] So
werden auch Männer mit zunehmendem Alter immer unterschiedlicher. Frühere günstige oder ungünstige Lebensbedingungen wirken sich aus – bis zuletzt. Der eine, der schon
in seinem Leben unten durch musste, stirbt einfach plötzlich
so weg, obschon die Seelsorgerin eigentlich noch so vieles
mit ihm vorhatte. Der andere bleibt bis zum letzten Lebens-
zug ein Gegenüber, führt Buch über die Besuche der Seelsorgerin, beschäftigt sie, geniesst ihre Nähe. Man stirbt offenbar nicht nur, wie man gelebt hat, man wird auch alt und
steinalt, wie man gelebt hat, und begegnet so der Seelsorge.

Gleichzeitig kommt es im Pflegeheim zu einer Vereinheitlichung des Lebensstils. Wenn offizielle Texte des Bundes-
amtes für Statistik hier von einem «Kollektivhaushalt»[4]
sprechen, dann beschreiben sie wichtige Merkmale dieser
Lebensform. Es ist ein Haushalt, der – wie bis heute die meisten Haushalte in unserer Gesellschaft – von Frauen geführt
wird; es ist ein Haushalt, zu dessen Abläufen diese Männer
wenig zu sagen haben, wie der Haushalt in den meisten Fällen auch früher in ihrem Leben nicht ihre Domäne war. Und
ihr Leben spielt sich nun in einem Kollektiv ab. Das erinnert
diese Männer möglicherweise an ihren Militärdienst und ist
doch noch einmal anders. Hier sieht man, wie Männer älter,
gebrechlich krank werden, verschwinden. Tag für Tag. Eine
Entlassung steht nicht mehr bevor. «Ruhn! Abtreten!» wird
dann einmal etwas anderes bedeuten. So finden sich diese
Männer in der Spannung wieder zwischen der Einzigartigkeit
ihrer Lebensgeschichte und ihres Lebensstils und der
Vereinheitlichung ihres Alltags im Kollektivhaushalt.

---

[3]   Vgl. Lehr, Ursula: Psychologie des Alterns, Wiebelsheim 2007,
        11., korr. Aufl.
[4]   Bundesamt für Statistik (BFS) (Hg.): Alter und Generationen. Das Le-
        ben in der Schweiz ab 50 Jahren, Neuchâtel 2005, S. 47.

Auch die Seelsorgerin steht in diesem Spannungsfeld. Seelsorge ist Teil der Vorkehrungen, die in diesem Kollektivhaushalt getroffen werden, damit es den Insassen bis zu ihrem Lebensende gut gehen möge, nicht nur körperlich, sondern auch seelisch. Und doch steht Seelsorge auch irgendwie quer in diesem Setting. Denn in ihr herrscht nicht das Kollektiv. Hier kommen diese Männer mit ihren Ecken und Kanten, mit ihren Geschichten (und auch dem Unerhörten und nicht Erzählbaren) als einzigartige Personen in den Blick.

Begegnungen und Begleitungen

Es hat viel Platz und Raum in den Geschichten, die die Seelsorgerin erzählt. Sie sind locker gestrickt, sodass man sich in ihnen bewegen kann und doch warm hat. So lässt sich aus jeder Begegnung wieder anderes herauslesen. Ich bin versucht, diese Schilderungen mit Kommentaren zuzudecken, weil sie bei mir so vieles hervorrufen. Das würde aber dieser Seelsorge, diesen Männern, dieser Seelsorgerin nicht gerecht. Denn sie sind einmalig. Und doch: Ganz unterdrücken kann ich diesen Impuls nicht. Ich hebe drei Begegnungen hervor.

Eine erste Szene: Da sind diese Männer, die auch im Alter den Kamm aufstellen, wenn die Seelsorgerin im Aufenthaltsraum auftaucht. Einer startet sofort einen theologischen Vortrag und führt ihr sein Wissen vor. Die Seelsorgerin darf höflich noch etwas ergänzen (aber eigentlich hat sie ja Theologie studiert, soll sie diesen Mann nun bewundern?). Der andere macht auf seine Art Avancen und holt mit einer halbblauen Bemerkung seinen Schicksalsgenossen vom Sockel. Die Seelsorgerin lässt sich mit einem Schmunzeln auf diese Gockelei ein. Ach, diese Männer ... Und doch: es ist wichtig, dass sie sich auch an diesen Tisch im Aufenthaltsraum setzt, zuhört, die beiden je in ihrer Art ernst nimmt und sich nicht ausspielen lässt. So lässt sie diese Männer Männer sein. Aus diesem informellen Einstieg kann sich eine Begleitung entwickeln, die in die Tiefe und hinter die Fassade männlicher Selbstdarstellung führt. Das weiss die Seelsorgerin.

Die Seelsorgerin und dieser Männer haben das Heu nicht auf der gleichen Bühne. Das wird nicht nur in der Geschichte deutlich, die diese Überschrift trägt, aber zeigt sich in ihr besonders eindrücklich. Die Seelsorgerin bringt etwas Anderes, Fremdes in das Zimmer von Herrn L, dem Zimmermann: andere Werte, andere Vorstellungen, was menschliches Zusammenleben gelingen lässt, und eine andere politische Haltung. Das führt aber nicht zum Abbruch der Kommunikation, wie sonst so oft. Die Seelsorgerin bemerkt die Unterschiede, weicht einer unproduktiven Auseinandersetzung aus, nimmt die Lebenswelt dieses Handwerkers ernst, seine ausgehöhlte und doch massive Körperlichkeit, nähert sich ihm schrittweise und merkt erst allmählich, wie wichtig ihm diese Besuche sind. So leicht lässt sich Herr L auch nicht in die Karten blicken (das wäre ja noch, wenn man das ganze Leben in seinen starken Händen hatte und jetzt im hohen Alter Seelsorge benötigte ...). Und doch führt er Buch, zeigt ihr seine Dankbarkeit, spricht von seinen Zweifeln und nimmt ihre Hand in seine grosse Hand, als er schwächer wird. Was in den Seelsorgebegegnungen mit Frauen manchmal spontan und schnell geschieht, wächst hier sehr langsam, aber nachhaltig. Das «Du» verrät es. Vertrauen. Nähe. Intimität. Eine Verbundenheit von einander Fremden. Ein unbedingtes Ja, trotz aller Unterschiede.

Und noch eine dritte Begleitung möchte ich hervorheben: Herr V findet sich nur allmählich im Pflegezentrum zurecht. Er hat seine Frau und sein Daheim verloren. Diese Verlusterlebnisse nagen an seinem Selbstwertgefühl, auch als Mann. Ist er noch ein guter Mann, auch ohne seine Frau, die ihn darin wohl getreulich bestätigt hatte? Muss er auch in der neuen Situation seinen Mann stehen, damit er nicht verlassen wird? Seine Ängste bewahrheiten sich nicht. Seine Familie fängt ihn auf, an seinem achtzigsten Geburtstag und wohl auch darüber hinaus. Nun läuft er wieder eine Stunde und betet zwei Stunden pro Tag. Dies zuzugeben, dass er noch länger betet als läuft, sogar der Seelsorgerin gegenüber zuzugeben, ist offenbar nicht einfach. Scham vor der eigenen Schwäche, zwar vielleicht ein guter aber nicht ein rechter Mann zu sein, gehört zu einem Männerleben. Hier geht es um einen besonders sensiblen Bereich, die Religiosität. Diese Scham erhält in der Beziehung zur Seelsorgerin ihren Raum. Wie das auch in den anderen Gesprächen mit Männern immer wieder geschieht, suchen Herr V und seine Seelsorgerin nun das richtige Verhältnis von Nähe und Distanz, hier in Bezug auf das Beten. Das persönliche Gebet, das die Seelsorgerin vorschlägt, ist diesem Mann wohl zu nahe, zu intim, zu ungewohnt. Er sucht sich selbst die richtige Form und den richtigen Ort für ein gemeinsames Gebet. Es ist der Gottesdienst, eine Abendmahlsfeier. Hier stimmt die Distanz zueinander und zu Gott nun für beiden Seiten. «Jetzt ist es mir wohl.» Und die Seelsorgerin entdeckt: «Mir auch.»

Zur Seelsorge mit Männern scheint auch dies zu gehören: eine geduldige, aufmerksame Offenheit für das, was diese Männer trägt und ihnen der Glaube bedeutet, ein Gespür für ihre Schamgefühle, die dazu führen, dass sie sich bei diesem Thema zurückhalten, da Frömmigkeit als unmännlich gelten könnte – und Standhaftigkeit, wenn einer, wie das Herr A in einer anderen Geschichte tut, seine Wut auf Gott herauslässt, dem er am liebsten die Eingeweide herausreissen würde. «Spiritualität», das Modewort aus den 1990er-Jahren, das heute sehr verbreitet ist, trifft hier nicht richtig. Es ist eine traditionelle Form der Frömmigkeit, aus der Herr V Kraft schöpft, Gebetsworte, die uns geliehen sind, die ihm nicht zu schnell zu nahe kommen und die er nicht selbst kreieren muss. Und es ist eine traditionelle Gottesvorstellung, von der sich Herr A mit verbaler Brachialgewalt absetzt, bevor er wieder sanft wird. Seelsorge ist bei solchen Männern nicht «Spiritual Care». Sie ist eher ein Aufsuchen und Heraushören von persönlichen «Kirchengeschichten», von traditionellen Formen der Frömmigkeit, des Glaubens und Zweifels dieser Männer, nur manchmal ausformuliert, häufig einfach gelebt, durch ein langes Leben mitgetragen. Auch dies macht eine besondere Kompetenz der Seelsorge aus.

Diese Männer ...

So einmalig die Begegnungen sind, so wenig zufällig ist, was in ihnen geschieht. Es sind alte Männer einer bestimmten «Kohorte», die hier einer Seelsorgerin begegnen. Sie sind in einem bestimmten «Zeitfenster» des letzten Jahrhunderts geboren worden. Ihre Erziehung und ihre Prägungen gehen zurück in die 1920er- oder 1930er-Jahre. Was sie als jung erlebt haben, hat sich mit den Erfahrungen von Jahrzehnten verbunden, die sie gelebt, gestaltet und erlitten haben, und das tragen sie bis in ihr Alter mit, beispielsweise unterschiedliche, aber doch zeittypische Formen der Männlichkeit.

Hier könnte nun vieles aufgeführt werden, was die Männerforschung herausgefunden hat.[5] Männer setzen sich beispielsweise auch im hohen Alter in typischer, gelernter Weise mit Schwierigkeiten in ihrem Leben auseinander. Sie beissen auf die Zähne. Sie verleugnen den Schmerz. Sie ver-

---

[5]   Zum Beispiel zum Verhalten von Männern in Psychotherapie: Neumann, Wolfgang; Süfke, Björn: Den Mann zur Sprache bringen. Psychotherapie mit Männern, Tübingen 2004, 2., korr. Aufl.

suchen, Schwieriges mit sich selbst ausmachen. Sie verstummen, wenn ihnen etwas zu viel wird, schützen sich, distanzieren sich von ihren Gefühlen. Sie setzen sich lieber mit der Welt, mit Sachthemen und Wissenswertem als mit sich selbst auseinander. Das sind Stärken und gleichzeitig auch Schwächen. Sie helfen Männern dabei, ihre Autonomie und Würde zu bewahren. Aber allzu schnell isolieren diese Verhaltensweisen sie auch von denen, die ihnen nahe sein und ihnen helfen möchten.

Ihre Männlichkeit ist im Alter nun brüchig geworden. Ihr männliches Selbstbild und die Lebensrealität klaffen immer stärker auseinander. Mit einer der Hauptformen, Probleme zu bewältigen, dem Tun, stossen sie an Grenzen. Sie drohen, ihre Autonomie zu verlieren, die ihnen so wichtig ist. Was sie manchmal so anstrengend finden, rückt hingegen ins Zentrum: Beziehungen, der Umgang mit emotionaler und sozialer Abhängigkeit. Das macht sie anfällig. Aber genau diese Herausforderungen sind auch Möglichkeiten, als Mann nochmals anders zu werden, an der Integration von bisher nicht Integriertem zu wachsen und – vielleicht – ein weiser alter Mann zu werden mit einer Geschichte, die immer länger wird.

«Was vom Manne übrig blieb ...»

Walter Hollstein stellt eine grossflächige Darstellung heutiger Männerfragen unter diesen Titel.[6] Lässt sich Seelsorge mit Männern im vierten Lebensalter ebenfalls so «überschreiben»? Ja, es stimmt eigentlich schon: In einem Pflegezentrum kommen Formen des Mannseins zum Vorschein, die zum Auslaufmodell werden. Seelsorge mit Männern im

---

[6]   Hollstein, Walter: Was vom Manne übrig blieb. Krise und Zukunft des starken Geschlechts, Berlin 2008.

hohen Alter ist eine Art Seelsorge im Museum der Männlichkeit. Die Babyboomer-Männer werden im hohen Alter anders
sein – und die «Generation Y» meiner Söhne, die Kinder wi-
ckeln, Kartoffeln schälen und Wäsche aufhängen, wird im
hohen Alter nochmals anders sein.

Und doch stimmt es auch ganz und gar nicht, dass Seelsorge mit alten Männern Seelsorge mit dem ist, was vom
Manne übrig blieb. Da erzählen die Geschichten in diesem
Buch eine andere Geschichte. Ein Gegenbild der kraftstrot-
zenden Männlichkeit, die die Medien beherrscht, wird hier
gezeichnet. Und doch: In dem, was vom Manne übrig bleibt,
entdeckt die Seelsorgerin geduldig, schmunzelnd, hartnä-
ckig, vertrauensvoll die Welten, die jeder dieser Männer mit
sich trägt, das Einmalige, Unerhörte, ihre Weisheit, Zähigkeit
und ihre Würde. Manchmal ist es die Würde eines alten Pa-
lastes, manchmal die Würde einer Ruine, die auch dann noch
unsere soziale Vorstellungskraft und unsere Liebe in Bewegung setzt, wenn nur noch wenige Steine aufeinander stehen
geblieben sind.

Gespräche unter Frauen, Gespräche mit Männern und Gespräche unter Männern

Nur in etwa einem Drittel der Gespräche sind Männer das
Gegenüber. Dies ist nicht nur eine Folge der Feminisierung
des Alters. Auch in jüngerem Alter kommt es in der Seelsorge zweimal so oft zu Begegnungen mit Frauen als mit
Männern. Frauen scheinen den Zugang zur Seelsorge leichter zu finden als Männer.[7]

---

[7]   Studien zeigen, dass Frauen auch im Alter religiöser sind als Männer,
in Aktivitäten, Haltungen und Selbsteinschätzung, vgl. Heller, Birgit:
Gender und Spiritualität am Lebensende, in: Reitinger/Beyer (2010),
61–72, hier: 69.

Die Gespräche unter Frauen sind in gleicher Art berüh-
rende Gespräche wie jene mit den Männern, aber in einigen
Punkten doch auch anders. Oder täusche ich mich? Zwischen der Seelsorgerin und vielen der besuchten Frauen
entwickeln sich die Kommunikation, der Austausch über Erfahrungen und eine gewisse Intimität schneller und selbst-
verständlicher. Das Interesse ist oft auch gegenseitig. Die
Seelsorgerin ist nicht nur offen für die Geschichten der
Frauen. «Aber Sie haben Ihren Mann noch?», fragt Frau J besorgt. Frauen fragen auch nach dem Leben der Seelsorgerin.
Auch die Zärtlichkeit gewisser Begegnungen und die grosse
Nähe sind unproblematischer im Kontakt unter Frauen.

In der Seelsorgebegegnung mit Männern scheint mir das
Gespräch brüchiger, eine Suche nach verträglicher Nähe,
manchmal fast ein Taktieren, in dem weniger selbstverständlich auf Erfahrungen mit der eigenen Geschlechtsrolle und
den damit verbundenen Geschichten aufgebaut werden und
sich deshalb auch weniger schnell Gegenseitigkeit einstellen
kann. Umso überzeugender ist es, nachzuverfolgen, wie die
Seelsorgerin die Schwierigkeiten und Lebenswelten dieser
Männer sensibel wahrnimmt, sie so nimmt, wie sie sind, und
aufmerksam merkt, wo sie etwas anbieten, was weiter und
tiefer zu den wunden Punkten führt.

Dass diese Männer einer Seelsorgerin begegnen, ist natürlich nicht Zufall. Seelsorge mit Menschen im Alter ist
heute sehr oft die Domäne von Frauen. Und dies ist für Männer vermutlich auch eine Chance. Meist haben sie ihre Le-
benspartnerin verloren. In der Begegnung mit der Seelsorgerin klingt dies an. Sie wird zwar nicht zum Ersatz und doch
können diese Männer Seiten von sich zeigen, die sie wohl nur
ihrer eigenen Frau zeigen konnten, und mit dieser Seelsorgerin auch als Frau Erfahrungen machen, die vielleicht sogar
hier und dort die eine oder andere ihrer bisherigen Erfahrung mit Frauen korrigieren. Sie schätzen es wohl, dass

diese Frau sie nicht schubst und schiebt, endlich von ihren Gefühlen zu sprechen. Sie ist vielmehr da, offen und bereit, wenn sie sich öffnen und ihre weichen und feinen Seiten zeigen wollen. Sie kann auch die nonverbale Sprache lesen, die feinen Zeichen von Schwäche, Aufmerksamkeit und Zugänglichkeit, die manchmal noch die einzigen Brücken der Verständigung sind, und die Erinnerung ans Spiel der Muskeln.

Und doch frage ich mich, welche Geschichten ein Seelsorger eines Pflegezentrums wohl erzählen könnte. Kann in Seelsorgegesprächen unter Männern gleich selbstverständlich wie in Seelsorgegesprächen unter Frauen auf eine Gemeinsamkeit gebaut werden, die durch die Geschlechtsrolle und die damit verbundenen Lebenserfahrungen vermittelt ist? Rangeln Männer auch in der Seelsorge miteinander? Können alte Männer in der männlichen Auseinandersetzung nochmals ihre starken Seiten leben? Es wäre interessant, dem weiter nachzugehen.

Wie wird es sein?

Vorerst habe ich als junger alter Mann noch die Möglichkeit, mich intellektuell mit dieser Frage auseinanderzusetzen, meine Beobachtungen und Überlegungen zu notieren, wie ich es hier versucht habe. Meine privaten Begegnungen mit Pfarrerinnen und Pfarrern hingegen sind eher spärlich. Ich habe zwar Seelsorger und Seelsorgerinnen ausgebildet, sie werden mir aber wohl erst im Pflegezentrum auf den Leib rücken. Noch befinde ich mich in der «Warteschlaufe» der Seelsorge. Was bedeutet dies eigentlich? Ist Seelsorge mit alten Männern eine Lückenbüsser-Seelsorge, die nur «Matthäi am Letzten» auftaucht, an den Rändern und dort hingeht, wo nichts mehr geht? Eines weiss ich: Ich wünsche mir eine Seelsorgerin oder einen Seelsorger, wenn es einmal so weit ist, die mich begleiten, wie diese Seelsorgerin «ihre» Männer begleitet. Die eine Zeugenfunktion übernimmt, dort wo viele, vielleicht die meisten wegschauen und weghören: Wo es einer Männerseele auch im hohen Alter wehtut – und wo sie noch stolz sein möchte.

Wie wird es sein, wenn ich immer schwächer werde? Wird es sein wie bei meinem Vater? Die theologischen Diskussionen mit der Seelsorgerin im Pflegeheim hat er sehr geschätzt. Mehr brauchte er nicht. Bis zuletzt wollte er leben. Vom Sterben hat er, der grosse Prediger, nie etwas gesagt. Sein Sterben ging dann auch ganz ohne religiöse Begleitmusik über die Bühne. Wie wird es sein? Wie bei meinem Schwiegervater? Er hat, seit er sechzig war, vom Sterben gesprochen. Auch er ist weit über neunzig geworden. Die Hausbesuche des Gemeindepfarrers waren festliche Begegnungen, zu denen er sich schön anzog, Zeichen, dass er ein geschätztes Mitglied der Gemeinde blieb. Als es ans Sterben ging, war kein Seelsorger da und war auch keiner nötig. Seelsorge entstand aus guter Pflege und einem Kirchenlied, aus dem er in seiner letzten Nacht eine Zeile immer wieder zitierte: heilig, heilig, heilig zu.[8]

Wie wird es sein, wenn ich dran bin? Ich habe jedenfalls damit begonnen, Liedstrophen auswendig zu lernen, für alle Fälle.

---

[8]   Eine Zeile aus dem Lied «Grosser Gott, wir loben dich»: «... alle Engel, die Dir dienen, rufen Dir stets ohne Ruh ‹Heilig, heilig, heilig› zu.»

Das Sterben lässt sich weder erklären noch meistern. Es bleibt letztendlich ein Geheimnis. Sterben geht manchmal schnell, ist oft aber auch ein längerer Weg.

Anne-Marie Müller erzählt davon, wie Sterbende den Hinterbliebenen viel für ihren weiteren Lebensweg mitgeben. In ihrem Schlusswort plädiert sie dafür, das Sterben in seiner Unverfügbarkeit auszuhalten und davon für das Leben zu lernen.

Rita Famos führt aus, wie biblische Bilder vom Jenseits die Einstellung zum Leben im Diesseits verändern.

Mit dem Sterben leben

Löwenherz

*«Das Herz meiner Mutter hört nicht auf zu schlagen», sagt die
Tochter. «Sie hat ein richtiges Löwenherz».*
*Zwei Wochen lang liegt die Mutter im Sterben. Ihre Hände be-
wegen sich manchmal suchend über die Decke, dann findet die
Tochter sie und hält sie fest. Der Schwiegersohn kommt und
geht, gemurmelte Unterhaltung, lange Stille.*
*Hin und wieder gehen Tochter und Schwiegersohn spazieren.
Enkel kommen, sitzen eine Weile.*
*Immer weiter schlägt das Löwenherz, Atemzug für mühsamen
Atemzug. Minute für Minute. Stunde um Stunde. Es wird Abend,
es wird Morgen. Unglaublich, wie lange sie das durchhält, diese
zarte Frau mit dem starken Herzen.*
Warum dauert das so lange!

*Herzschlag für Herzschlag sitzt die Tochter da. Die Hände der
Mutter in Händen. Soviel Zeit. Herzschlag für Herzschlag.*
*Das kleine Herz damals, das in meinem Leib schlug. Wie lange
ist das jetzt her? Deine einzige Enkelin, Mutter. Schnell und sehn-
süchtig schlug ihr Herz.*
Und hörte einfach auf.
*Dein Löwenherz schlägt und schlägt. In deinem Herzschlag Zeit
für die Kleine. So winzig. So kurz. In deinem Herzschlag endlich
ihr Name: Leonie.*

Klopft an

*Frau L geht es rapid schlechter. Vor ein paar Tagen haben wir
noch miteinander geredet, sie hatte um einen Besuch der Seelsorgerin gebeten. Der lange Kampf von Frau L gegen den Krebs
war Thema, die Töchter, die zum Glück schon fast erwachsen
sind, wie gemein es ist, dass die Metastasen nun den ganzen*

Körper lahm legen. Frau L wusste nicht so recht, was sie von mir wünschen oder erwarten sollte. Aber als ich ihr sagte, dass ich für sie beten werde, und dass sie nicht allein sei, nickte sie und murmelte: «Ja».

Jetzt kann sie sich gar nicht mehr bewegen, reagiert nur noch selten auf Ansprache oder Berührung, die meiste Zeit scheint sie zu dösen, und manchmal träumt sie offensichtlich, stöhnt oder redet.

Nun haben mich die Angehörigen von Frau L um eine kurze Unterredung gebeten.

«Wir haben ein Problem», sagt Frau Ls Schwester. «Vor kurzem haben wir vernommen, dass Frau L aus der Kirche ausgetreten ist. Jetzt wissen wir gar nicht, was wir dann tun sollen, wenn sie nun bald stirbt. Viele Menschen wollen doch Abschied nehmen, und die Patentochter kann sich gar kein Begräbnis ohne Kirche vorstellen. Gestern hat meine Schwester plötzlich immer wieder gesagt: ‹Macht die Türe auf, macht jetzt die Türe auf! Ich will in die Kirche!›»

Für mich gibt es nur eine mögliche Antwort: «Sagen Sie Ihrer Schwester, dass die Türe offen ist», sage ich. «Sie muss nicht vor verschlossener Tür stehen. Und wenn es dann so weit ist, feiern wir den Abschied gemeinsam. In einer Kirche.»

Gut eine Woche später tun wir dies. Die Predigt hat sich fast von selbst geschrieben zu den Versen aus dem Matthäusevangelium, die ich Frau L beim letzten Besuch vorgelesen habe: «Bittet, so wird euch gegeben; sucht, so werdet ihr finden; klopft an, so wird euch aufgetan!»

Sterben

Frau S war bis vor sehr kurzem sehr aktiv, nahm an allen Anlässen im Haus teil, immer aufgelegt zu einem Schwätzchen. Jetzt ist sie hingefallen und hat sich den Arm gebrochen. Und auf einmal ist alles anders. Von Tag zu Tag nimmt ihre Kraft ab. Sie hört auf zu sprechen und reagiert immer weniger darauf, wenn sie angesprochen wird. Ihr Sohn ist schockiert über die rasante Verschlechterung ihres Zustandes.

Als ich mich an ihr Bett setze und mein Gesicht in ihr Blickfeld beuge, lächelt sie kurz. Ich berühre ihre Schulter und erzähle von der Werkgruppe, wo sie gestern vermisst wurde.

Keine Reaktion.

Ich schweige eine Weile.

Ich bin unsicher, ob Frau S weiss, dass ihr Zustand bald kritisch zu werden droht. Und ich kann selbst nicht einschätzen, wie prekär ihre Gesundheit wirklich ist.

Da sie in ihrer Zeit bei uns immer wieder den Gottesdienst besuchte, frage ich sie, ob ich ihr etwas vorlesen soll.

Keine Reaktion.

In die Stille hinein fängt in meinem Kopf ein Lied an zu klingen: «Der Herr ist mein getreuer Hirt ...» Ich krame das Liederbuch hervor und singe Frau S das Lied vor.

Keine Reaktion.

Stille.

Ich nehme den Liedtext wieder auf, der nicht aufhört, in meinem Kopf zu kreisen: «Sie sind nicht verloren, Frau S. Gott ist Ihr Hirt. Er begleitet Sie. Immer. Im Leben. Und im Sterben.»

Als habe sie auf dieses Wort gewartet, erhellt ein strahlendes Lächeln ihr Gesicht.

«Ja», sage ich.

Zwei Tage später ist es so weit.

Hoffnung

*Wenn ich Frau U im Gang von weitem anlächle, strahlt sie.
«Eeh! Salü!», ruft sie freudig. «Bist du auch da?»
Für wen sie mich wohl hält?
Ich bleibe einen Moment stehen. «Wie geht es Ihnen, Frau U?»,
frage ich.
«Nicht so gut», sagt sie. «Ich wollte zu meinen Eltern rauf, aber
sie sind nicht da.»
«Vermissen Sie sie?», frage ich.
«Ja», antwortet Frau U. «Ich habe sie schon lange nicht mehr
gesehen. Ich habe Längizyti.»
«Das ist traurig», meine ich, «wenn man nicht zu den Eltern kann.»
«Ja», sagt Frau U. «Sie warten doch auf mich!»*

Dieser Satz klingt lange in mir nach, auch als Frau U bald darauf stirbt: Sie warten doch auf mich!

Ob das Warten jetzt ein Ende hat?

«Damit wir ein weises Herz gewinnen»
(Psalm 90,12)

Anne-Marie Müller

In den fünf Jahren, die ich nun im Pflegeheim als Seelsorgerin arbeite, bin ich wieder und wieder dem Tod begegnet. Ich habe so viele Menschen sterben sehen. Schnell und langsam, lang erwartet und ganz plötzlich, liebevoll begleitet und ganz allein.

Dabei habe ich sehr widersprüchliche Beobachtungen gemacht, was unseren Umgang mit dem Tod betrifft: Einerseits ist der Tod ein Modethema. Wie wir sterben und Abschied nehmen, ist Gegenstand unzähliger Bücher und Zeitungsartikel und auch wissenschaftlicher Abhandlungen. Andererseits ist da immer noch das Tabu. Wenn schon, dann soll angenehm gestorben werden, schmerzfrei, keimfrei sozusagen. Dafür habe ich Verständnis, denn alle anderen Wege, auf denen das Leben und Sterben uns führen, machen Angst. Wenn wir gezwungen sind, das Sterben wirklich konkret zur Kenntnis zu nehmen, weil ein nahestehender Mensch stirbt, dann begegnen wir einer ganz und gar unkontrollierbaren und rohen Realität, die unser Denken und Fühlen auf die Probe stellt.

Wenn ein Mensch mehrere Tage oder gar Wochen im Sterben liegt, können wir den Fragen nicht mehr ausweichen. Was geht hier vor? Warum dauert das so lange? Was empfindet die sterbende Person wirklich? Wie nimmt sie uns wahr, was hört und versteht sie? Was ist der Sinn dieses unheimlichen Vorgangs? Was könnte helfen?

Schnell rufen wir nach Medikamenten, die nicht nur den Schmerz und die Angst in Schach halten, sondern den Sterbeprozess überhaupt «schöner» machen sollen. Und unaufhaltsam fangen wir an, das Geschehen zu deuten. Der Sterbende «kann nicht sterben, weil er nicht loslassen kann» – und eifrig beginnen wir mit Vermutungen, warum das wohl so ist. Mich macht diese Forderung, dass wir loslassen können sollten – und zwar eben möglichst rasch und mühelos – ganz hilflos und manchmal auch wütend. Wenn das so einfach wäre! Wieso soll es uns mühelos gelingen, all unsere Beziehungen, Gewohnheiten, alles, was wir sind und haben, loszulassen? Natürlich ist das schwer! Die wenigsten von uns sind Zen-Meister. Wieso soll dieser Prozess der Loslösung nicht seine Zeit und Kraft beanspruchen? Auch eine Geburt ist ja meistens nicht mühelos!

Es gibt auch freundlichere und nachdenklichere Deutungsversuche am Sterbebett. Sterbende selbst deuten ihren Tod als Weg nach Hause – zu den Eltern, zu Partnern. Sie stehen vor einer Tür, die ins Unbekannte führt und klopfen an. Mein Vater sprach von seinem bevorstehenden Tod als dem letzten grossen Abenteuer.

Angehörige spüren manchmal, dass die Zeit am Sterbebett ihnen selbst zugut kommt, ihnen Zeit gibt, sich auf den Abschied einzustellen, oder auch Unerledigtes, Unausgesprochenes endlich zu bedenken und vielleicht sogar zu besprechen. Die Familie in «Löwenherz» entdeckt zum Beispiel, wie einschneidend vor Jahren die Fehlgeburt einer kleinen Tochter war, ohne dass dies je wirklich zur Sprache kam. Am Sterbebett ist endlich Zeit dafür! Ein Geschenk der sterbenden Grossmutter.

Ich habe erlebt, wie Sterbende zu warten schienen auf einen Angehörigen, um kurz nach dessen Ankunft zu sterben; oder wie Sterbende genau den Moment für ihren Tod auszuwählen schienen, in dem gerade kurz niemand bei ihnen war. Als ob es leichter sei, die Emotionen der Angehörigen nicht «mitzunehmen» – oder als ob der Sterbende den Seinen das Letzte ersparen wollte.

Letztlich sind das natürlich Interpretationen, die uns nicht zustehen. Letztlich ist es ein Geheimnis, warum jemand so und nicht anders stirbt, zu genau diesem und keinem anderen Zeitpunkt. Eines der letzten wahren Geheimnisse. Ich wehre mich dagegen, es mit glatten Theorien wegzuerklären.

Der Tod, das Sterben – das ist kein glatter Prozess, nichts, das wir wirklich kontrollieren und einordnen können. Auch wenn wir Gott sei Dank die Mittel und das Wissen haben, um den schlimmsten Schmerz und die grösste Angst zu besänftigen. Keine Meditation, keine Frömmigkeit, kein gesundes Leben schützen davor, dass der Tod unberechenbar bleibt, dass das Sterben einen ganz eigenen Verlauf nimmt.

«Memento mori» – «Bedenke, dass du sterben musst», mahnt das Sprichwort. «Unsere Tage zu zählen, lehre uns, damit wir ein weises Herz gewinnen», bittet der 90. Psalm.

Was lerne ich denn, wenn ich als Seelsorgerin und als Mensch so unerbittlich, unausweichlich dem Tod und dem Sterben begegne? Ich kann dies in fünf Punkten zusammenfassen:

1. Wir Menschen haben vieles nicht unter Kontrolle. Das ist eine Realität, der wir uns stellen müssen. Wir verfügen nicht über den Tod und das Leben. Dieses Wissen übe ich und versuche, daraus Respekt zu lernen und vielleicht irgendwann so etwas wie Gelassenheit.

2. Schmerz, Angst, Ungewissheit, Unvollkommenheit – das alles gehört unabdingbar zum Menschsein. Wir sind und bleiben fragil, wie auch immer wir uns schützen. Das Leiden gehört dazu – nicht, weil es edel und gut ist, sondern weil es existiert. So sind wir Menschen gemacht: so begrenzt.

3. Diese negativen Erfahrungen, die in sich weder erstre-
   benswert noch gut sind, bergen dennoch eine grosse
   Chance: dass wir menschlich sind und bleiben und werden im ganzen Umfang dieses Wortsinns. Menschlichkeit
   macht uns fähig zu teilen, zu helfen, zu ergänzen, miteinander auszuhalten. Wir können lernen, uns auf Neues einzulassen, das wir nicht geplant oder gewollt haben. Und
   ja: wir lernen, wohl oder übel, loszulassen – um Neues
   begreifen zu können.

4. Jeder Mensch kann sterben. Das ist ein Trost für mich.
   Wie auch immer, wann auch immer, am Ende gelingt es
   allen – also auch mir.

5. Das Leben, zerbrechlich und begrenzt, ist unendlich kost-
   bar. In der Nähe des Todes ist dies in ganz konzentrierter
   Weise erlebbar. Oft fangen Angehörige an, vom Leben
   des Sterbenden zu erzählen – und auf einmal spüren wir
   die ganze Vielfalt und Dichte und Fragwürdigkeit des
   Menschenlebens. So stark, so lebendig, so witzig und fähig sind wir Menschen bei aller Fragilität!

Jenseits aller Warum-Fragen und Theorien ist die Zerbrechlichkeit unseres Lebens auch unsere Lehrmeisterin. Wir
müssen lernen, ob wir das sinnvoll finden oder nicht. Jede,
jeder von uns steht irgendwann vor Verlusten, steht am Ende
vor einer unbekannten Tür und klopft an. Und für uns alle
beginnt da vielleicht das letzte grosse Abenteuer.

Dass uns nicht unbegrenzt Fähigkeiten und Zeit gegeben
sind, ist eine schlichte Tatsache. Uns auf die Fragen einzulassen, die diese Endlichkeit an uns stellt, das ist in sich
schon ein Abenteuer: weil wir damit auf neue Wege geführt
werden, zu neuen Begegnungen, zu immer wieder neuen
Fragen und überraschenden Antworten. Und – so behaupte
und habe ich erlebt – zu einem tieferen, echteren, dichteren
Leben.

Wie wird es sein?

Rita Famos

Wie wird es sein? In diesem Bändchen haben wir uns mit dieser Frage im Hinblick auf den letzten Lebensabschnitt auseinandergesetzt und mit der Sorge, die wir uns alle machen, wenn wir an unsere betagten Angehörigen oder an das eigene Altwerden denken. Die Frage beschäftigt uns aber auch über unser Leben hinaus. Wie wird es sein, Frau Pfarrer, wenn ich dieses irdische Leben verlassen habe? Erwartet mich überhaupt etwas und wenn ja, wie ist es dann?

Wenn Menschen mir in der Seelsorge diese Frage stellen, versuche ich, Bilder des Neuen Testaments der Bibel ins Gespräch zu bringen und sie mit den Menschen und ihrer Lebensgeschichte zu verknüpfen. Das Neue Testament enthält keine Dogmatik des Lebens nach dem Tod, es ist zurückhaltend mit seinen Vorstellungen, bietet aber gleichnishafte Bilder an, die die letzte Frage umkreisen.

Allen Bildern und Vorstellungen der Bibel ist eines gemeinsam: Sie gehen davon aus, dass der Tod nicht das letzte Wort hat, sondern dass das Leben, verwandelt zwar, aber doch weitergeht.

Das Neue Testament der Bibel spricht davon, dass die Toten von Gott selber auferweckt werden (1 Kor 15,52), dass die Toten auferstehen zu einem neuen, verwandelten Leben und dass dabei unser irdischer Leib in einen geistigen Leib verwandelt wird. (1 Kor 15, 42–44)

Im Johannesevangelium spricht Jesus von seinem eigenen Tod, und er zeichnet ein schönes Bild des Weiterlebens: «Im Haus meines Vaters sind viele Wohnungen; wäre es nicht so, hätte ich euch dann gesagt: Ich gehe um euch eine

Stätte zu bereiten?» (Joh 14,2) Dieses Bild nimmt der Apostel
Paulus auf und malt daran weiter: «Denn wir wissen: Wenn
unser irdisches Haus, das Zelt, abgebrochen wird, dann haben wir eine Wohnstatt von Gott, ein nicht von Menschenhand
gemachtes, unvergängliches Haus im Himmel.» (2Kor 5, 1)
Die Bibel spricht weiter von Versöhnung (2Kor 5,18) aber
auch von Gericht (Mt 25,31–46).

Diese und noch weitere biblische Bilder vom Leben nach
dem Tod regen mich an, mich nicht nur intellektuell, sondern
auch meditativ mit der letzten Frage auseinanderzusetzen.
Durch diese meditative Herangehensweise dringen die Bilder vor in die tiefen Schichten meiner Seele. Die darstellende
Kunst aber auch die Musik haben die Bilder aufgenommen
und inspirieren mich, sie meditativ mit meinem Leben zu
verweben. In mir klingen zum Beispiel die Kantaten von Jo-
hann Sebastian Bach, die Choräle von Paul Gerhardt oder
das Deutsche Requiem von Johannes Brahms. Ich bin über-
zeugt, dass diese Musik, die die Botschaft der Bibel aufnimmt
und verstärkt, auch noch in mir klingen wird, wenn vielleicht
mein Geist nicht mehr so funktioniert, wie er das heute tut.

Im Dialog mit den biblischen Zeugen stelle ich mir vor,
dass ich wie nach einem tiefen Schlaf von Gott aufgeweckt
und in einen neuen Tag geschickt werde. Ich stelle mir vor,
dass die göttliche Schöpfung hinter der Schwelle des Todes
nicht aufhört, sondern weitergeht und mich deshalb zu neu-
em Leben zu verwandeln vermag. Ich bleibe nicht in der
Kälte des Grabes, sondern werde empfangen in einem neuen
Daheim, in einer neuen Geborgenheit, so lese ich das Bild
vom Haus mit den Wohnungen.

Die Vorstellung vom Gericht zeigt mir, wie wichtig mein
irdisches Leben ist. Es zählt, was ich hier tue und lasse, und
Gott wird mich danach fragen. Diese Vorstellung ist für mich
aber nie losgelöst von der Versöhnung, die über allem steht.
Denn Gott weiss, dass überall, wo leidenschaftlich gelebt

wird, Fehler passieren, und er wird mir diese Fehler verzeihen. So wird Gott mich in die Arme nehmen und mir die Tränen abwischen, mich versöhnen mit den dunklen Seiten meines Lebens. (Offb 21,4)

All diese Bilder vermögen zwar nicht, den Respekt und die Unsicherheit vor letzten Dingen zu nehmen. Aber ich spüre, wie in ihnen eine Kraft wohnt, die mir helfen wird, mich der Unsicherheit zu stellen. Letztendlich reihe ich mich ein in das grosse Vertrauen, von dem der Apostel Paulus uns schreibt:

> «Denn ich bin mir gewiss: Weder Tod noch Leben, weder Engel noch Mächte, weder Gegenwärtiges noch Zukünftiges noch Gewalten, weder Hohes noch Tiefes noch irgendein anderes Geschöpf vermag uns zu scheiden von der Liebe Gottes, die in Christus Jesus ist, unserem Herrn.» (Röm 8,38)

Meine Lehrmeisterinnen und Lehrmeister im Vertrauen sind die Menschen, die ich auf dem letzten Wegstück begleiten durfte und die mir gezeigt haben, dass die Kraft, die Bilder, die Gebete, die Lieder, die Beziehungen, die sie in ihrem Leben gelebt und gesammelt haben, sie tragen.

So hoffe ich, dass ich wie Frau A. aus der allerersten Geschichte im Angesicht des Todes staunend werde ausrufen können: «Ooh ...!»

Verzeichnis der Autorinnen und Autoren

Anemone Eglin, Theologin, MAS-BA, Jahrgang 1953, ist Leiterin des Instituts Neumünster, Stiftung Diakoniewerk Neumünster, Zollikerberg.

Rita Famos, Pfarrerin, MAS-PCPP, Jahrgang 1966, ist Abteilungsleiterin Spezialseelsorge der Zürcher Landeskirche.

Irene Gysel, Kirchenrätin, Jahrgang 1949, ist Leiterin des Ressorts Kirche und Gesellschaft der Zürcher Landeskirche.

Elisabeth Jordi, Pfarrerin, Jahrgang 1953, ist Seelsorgerin an den Pflegezentren der Stadt.

Ralph Kunz, Dr. theol., Jahrgang 1964, ist Professor für Praktische Theologie an der Theologischen Fakultät der Universität Zürich mit den Schwerpunkten Gottesdienst, Predigt und Seelsorge.

Christoph Morgenthaler, Dr. theol., Dr. phil., Jahrgang 1946, ist emeritierter Professor für Seelsorge und Pastoralpsychologie an der Universität Bern.

Anne-Marie Müller, Pfarrerin, Jahrgang 1963, ist Seelsorgerin an einem Pflegezentrum im Kanton Zürich.

Isabelle Noth, Dr. theol., Jahrgang 1967, ist Professorin für Seelsorge, Religionspsychologie und Religionspädagogik an der Theologischen Fakultät der Universität Bern.